"나는 인애를 원하고

제사를 원하지 아니하며

번제보다 하나님을

아는 것을 원하노라"

(호세아 6장 6절)

특별히_____님께

이 소중한 책을 드립니다.

생명나무로 가는 길

The Way to the Tree of Life

이혜정 지음

나침반

큐티를 통해 믿음과 인격이 성숙되기를 기대합니다

우리는 사람들의 끝없는 욕망으로 인하여 급변하는 세상 속에서 다양한 문명의 혜택을 누리며 살고 있습니다. 그럼에도 우리의 삶은 더욱 분주하고 공허하며 진정한 평안을 누리지 못하는 것을 누구도 부인할 수 없을 것입니다.

어떻게 하면 이런 현실에서 참된 평안과 행복을 누릴 수 있을까요?

스코틀랜드의 목사 겸 신학자인 윌리엄 버클레이(William Barclay) 박사는 '누가 이 세상에서 진정으로 행복한 사람인가'라는 질문을 던지면서

첫째, 일을 찾아 매일매일 열심히 일하는 사람

둘째, 사랑할 대상이 있어 사랑하는 사람

셋째, 꿈을 가지고 희망 안에서 사는 사람이 행복한 사람이라고 말하고 있습니다.

나는 이 글에서 주님 안에서 주신 사명을 찾아 적극적이고 긍정적으로 행하는 믿음과 사랑 안에서 소망의 삶을 살아가는 사람이 진정으로 행복한 사람이라는 것을 깨달았습니다. 그 길이 바로 하나님의 말씀 안에서 자신의 정체성을 찾아 서로 사랑하며 소망을 이루어 가는 큐티(말씀 묵상)라고 말하고 싶습니다.

1987년 2월 3일 새벽, 하나님은 나에게 꿈으로 "사랑하는 자들아 우리가 서로 사랑하자 사랑은 하나님께 속한 것이니 사랑하는 자마다 하나님으로부터 나서 하나님을 알고 사랑하지 아니하는 자는 하나님을 알지 못하나니 이는 하나님은 사랑이심이라"(요일 4:7-8)고 하신 말씀을 주셨습니다. 그러나 왜 나에게 이 말씀을 보여 주셨는지 하나님의 뜻을 깨닫지 못하였습니다.

그 후 십여 년을 갈급하고 답답한 마음으로 믿음 생활을 하고 있는 우리 가정을 ANC온누리교회로 인도해 주셨습니다. 첫 예배를 드릴 때 마치 사막에서 헤매다가 오아시스를 만난 것처럼 기쁨과 감사의 눈물로 예배를 드렸습니다. 그리고 큐티 세미나도 참석하게 되었습니다.

첫 강의를 듣는 순간 밭에서 보화를 발견한 농부처럼 마음이 설레며 기쁨이 넘쳤습니다. 큐티에 매혹되어 큐티에 관한 서적과 영성 훈련 및 내적 치유에 관한 서적들을 두루 탐독하였습니다.

마태복음 27장을 묵상할 때였습니다.

예수님이 십자가에서 영혼이 떠나기 직전에 "…크게 소리 질러 이르시되 엘리 엘리 라마 사박다니…"(마 27:46)라고 하신 말씀에서 사랑의 계명(마 22:37-40)을 몸소 실천하시면서도 인간으로서 감당하기 힘들었던 그분의 절규가 내 마음을 아프게 하였습니다. 그리고 그 부르짖음이 우리의 죄를 대속하시고 구원으로 이끌어 주신 외침이며 "내가 곧 길이요 진리요 생명이니"(요 14:6)라고 하신 말씀을 이루신 고통인 것을 깨닫게 되었습니다. 또한 나에게 주신 요한일서 4장 7-8절 말씀이, 곧 '그리스도의 사랑을 증거하라'고 하시는 소명의 말씀인 것도 깨닫게 되었습니다.

하나님은 부족한 나에게 소명을 기쁨으로 감당할 수 있도록 큐티에 대한 열정을 주셨습니다. 그 열정으로 지금까지도 큐티 나눔방과 세미나를 인도하며 소명의 길을 걸을 수 있었습니다. 그런데 세미나와 나눔방을 시작할 때면 성도님들로부터 "큐티를 계속해야 하는데 지속하기가 힘들어 중단하고 있다"라는 말을 자주 들었습니다. 그리고 그 말이 항상 나의 머리에서 떠나지 않았습니다.

그러던 어느날 유진소 목사님으로부터 지금까지 큐티 나눔방을 인도하면서 경험한 일들을 책으로 내어보라는 권유를 받았으나 책을 쓴다는 것이 엄두가 나지 않았습니다. 그런 중에 "권사님! 우리도 큐티의 진미를 맛볼 수 있도록 책을 쓰세요!"라는 나눔방원들의 말에 강한 감동을 받았습니다.

그리하여 지금까지 나의 삶 속에 함께하신 하나님의 은혜와 큐티하는 방법, 그리고 큐티 나눔방에 역사하신 그분의 놀라우신 사랑을 증거함으로써 누구나 큐티를 지속 할 수 있기를 바라는 마음에서 이 책을 쓰게 되었습니다. 또한 우리 자녀들도 하나님 말씀 안에서 하나님의 형상을 회복하기를 바라는 간절한 마음도 담았습니다.

《생명나무로 가는길》(*The Way to the Tree of Life*)은 하나님의 말씀이 우리 삶 속에서 능력의 말씀이 되어 믿음(히 11:6)과 사랑(요 13:34) 안에서 소망(계 22:14)을 이루어가는 데 초점을 맞추려고 노력하였습니다.

부족한 나에게 이 책을 낼 수 있도록 풍성한 은혜로 인도하여 주신 삼위일체 하나님께 모든 영광과 감사를 올려드립니다. 그리고 오랫동안 은혜로운 말씀으로 영을 일깨워주시고 큐티의 비전으로 소명의 길을 걸어갈 수 있도록 이끌어주신 유진소 목사님과 이 책이 출판될 수 있도록 나에게 용기를 주고 감수하여 주신 신앙의 멘토 박성근 목사님(로스앤젤스 침례교회 담임) 내외분께 감사드립니다.

또한 우리 가정을 항상 사랑해 주시는 ANC온누리교회 김태형 담임목사님과 '생명나무로 가는 길'을 작곡하여 주신 이천 목사님, 그리고 교정으로 수고하여 주신 정용제 목사님 내외분, 홍영화 교수님과 크리스틴 장 간사님께 감사를 드립니다.

주님 안에서 변함없는 형제의 사랑으로 함께하시는 이영승 선배님과 유영설 장로님, 그리고 지금까지 나눔방에서 은혜의 눈물로 사랑을 나누었던 자매님들에게 감사를 드립니다.

사랑하는 동반자이며 동역자인 이명상 장로와 하나님께서 허락하신 자녀들(Brian, Jane, Robert), 그리고 지금도 모든 열방 중에서 하나님의 영광을 위하여 헌신하고 계시는 모든 주님의 종들에게 주님의 이름으로 감사를 드립니다.

주님과의 동행을 기뻐하며…
이혜정

고통을 덮고도 남을 말씀의 생수!

이혜정 권사님의 책을 읽으면서 마이클 몰리노스의 말이 생각났습니다.

"하나님을 사랑하는 자의 가슴은 언제나 봄날이다."

큐티를 통해 하나님의 사랑을 만끽했던 권사님의 삶이 향기로운 봄날 같았기 때문입니다. 삶의 여정이 꼭 평탄해서가 아니었습니다. 권사님에게도 가슴앓이가 있었고, 남들이 알지 못하는 고통의 밤도 있었습니다. 그럼에도 그 모든 것을 덮고도 남을 말씀의 생수가 있었기에 해같이 빛난 얼굴로 살아오셨습니다.

이번에 권사님이 쓰신 책《생명나무로 가는 길》은 이러한 권사님의 고백이 담겨 있습니다.

그동안 큐티에 대한 책들은 많이 발간되었습니다. 큐티에 관한 세미나나 모임도 흔하게 접할 수 있었습니다. 그러나 큐티를 제대로 하신 분이 자신의 삶을 담아 쓰신 책은 드물었습니다.

권사님의 삶을 곁에서 지켜본 한 사람으로서 귀한 책의 출간을 축하드리고 진심으로 추천하는 바입니다.

"가능하다면 그 풍성한 보좌로 돌아가서 모든 생각을 한 곳에 모으고 하나님의 얼굴을 바라보라"(마이클 몰리노스).

감수자: 로스앤젤스 침례교회 담임목사 박성근

삶이 힘을 얻고 변해 아름다워지기를!

이혜정 권사님의 큐티에 대한 책《생명나무로 가는 길》이 나오게 되어서 참으로 감사를 드립니다. 이혜정 권사님은 이명상 장로님과 함께 처음에 큐티를 배우고, 지도자 과정을 저와 함께했는데 그 이후 큐티 나눔방을 통하여 사역을 하시고, 또 여러 교회들을 다니면서 큐티를 강의하시는 것을 보면서 하나님의 말씀을 사모하는 열심이 정말 아름답게 열매 맺어 가는 것을 볼 수 있었습니다.

이 책은 큐티를 통해서 그 삶이 힘을 얻고 변해 아름다워지기를 간절히 바라는 그런 불타는 마음의 표현입니다.

학문적인 어떤 이론보다도 자신이 깨닫고 또 정리하게 된 큐티를 실제적으로 소개하는 이 책이 오히려 평신도들에게 너무나 유익할 것이라고 생각합니다. 그래서 이 귀한 노력에 박수를 보내면서 모두에게 추천을 하고 싶습니다

"우리 교회의 큐티는 치유적인 큐티입니다"라고 확신있게 말씀하시던 권사님과 장로님의 이야기가 이 책을 읽는 모든 분들에게 하나님의 말씀을 통하여 그런 치유와 회복이 일어나기를 바랍니다.

감수자: 전, ANC온누리교회 부산 호산나교회 담임목사 유진소

말씀으로 풍성하게 채우는 훈련!

이혜정 권사님은 큐티라는 영적 훈련을 통해 그 삶을 그리스도의 말씀으로 풍성하게 채우고 계십니다. 이 권사님은 하나님의 말씀에 계속 귀 기울이고 계셨습니다. 큐티의 본질을 깨닫고 그것을 날마다 훈련하고 삶에 적용하면서 하나님의 음성과 명령에 순종하시는 권사님이 너무 귀합니다.

더 나아가서, 그 귀한 말씀들이 이 권사님의 지식으로만 남은 것이 아니라, 그 삶에서 배어나오는 모습을 보게 됩니다. 그것이 바로 깊은 영성입니다.

이 권사님의 삶과 예수님의 제자로서의 여정은 모든 것이 순탄하지만은 않았습니다. 하지만 그 힘든 여정 가운데 이혜정 권사님을 복음 안에 살 수 있게 만든 진정한 능력과 인도하심이 어디서 나왔는지 확실하게 보여 주는 그런 글입니다.

이 권사님께서 성경 말씀대로 사시는 것을 보면서, 큐티를 통해 하나님의 말씀으로 삶을 풍성하게 채우시는 권사님께 도전을 받습니다.

ANC온누리교회 담임목사 김태형

목차

제1장

큐티로 이끌어 주신 하나님

1. 소명의 말씀 - 꿈이 현실로

예수를 믿은 지 10년이 되던 1987년 2월 3일(금요일) 이른 새벽, 하나님은 요한일서 4장 7-8절 말씀을 나에게 꿈으로 보여 주셨습니다.

"사랑하는 자들아 우리가 서로 사랑하자 사랑은 하나님께 속한 것이니 사랑하는 자마다 하나님으로부터 나서 하나님을 알고 사랑하지 아니하는 자는 하나님을 알지 못하나니 이는 하나님은 사랑이심이라."

하얀 벽 위에 말씀이 선명하게 쓰여져 있었으며, 끝없이 펼쳐진 새파란 물의 한 모퉁이에 흰 투피스를 입은 풍만한 중년의 백인 여자가 서 있었습니다. 너무나 생생한 꿈이었습니다.

자고 있는 남편을 깨워 아직도 머릿속에서 사라지지 않은 말씀을 한 자도 틀리지 않고 암기해 그 장면도 설명해 주었습니다.

그 당시 나는 10년을 교회에 다니면서도 성경 말씀을 몇 구절도 제대로 암송하지 못했는데, 어떻게 그 말씀을 한 자도 틀리지 않고 외울 수 있었는지 정말 신기했습니다.

그날 정오 즈음 우리집 근처에 살고 있는 대학동창으로부터 전화가 왔습니다. 오늘 저녁 7시에 에이린 조지(Eileen George) 여사의 신유 집회가 있는데 같이 가지 않겠느냐는 전화였습니다. 유명한 분의 신유 집회라는 말에 나는 혹시 의사들도 완치가 어려울 것 같다는 허리를 치유받아 볼 마음에서 선뜻 약속했습니다. 집에서 삼사십 분 거리에 있는 집회장소로 가는 동안 차 안에서 꿈이야기를 친구 부부에게도 상세히 해주었습니다.

집회가 시작되기 30분 전 즈음 도착하였는데 벌써 본당에는 빈 자리가 없어 우리 일행은 본당 벽에 기대서서 집회를 보았습니다. 나는 본당 안에 걸려 있는 예수님이 매달려 있는 십자가를 보게 되었습니다. 예수님의 손과 발에는 못이 박혀 있고, 머리에는 가시 관이 쓰여져 있었으며, 옆구리에서는 피가 흐르고 있는 처참한 모습이었습니다. 나는 십자가에 달린 예수님의 모습을 보는 순간 마음이 몹시 아파오며 온몸에서 전율이 일어났습니다. 두 눈에서는 나도 알 수 없는 눈물이 한없이 흘러나왔습니다.

예수님의 십자가를 바라보며 기도를 드렸습니다. 무슨 기도를 드렸는지 전혀 기억할 수 없었습니다. 그러나 처참하게 십자가에 달리신 예수님이 바로 나를 위하여 죽으셨다는 감동과 함께 "내가 너를 사랑한 것과 같이 너도 네 이웃을 사랑하라"고 하시는 음성이 뚜렷이 들렸습니다.

기도하는 중에 본당 스피커에서 여자의 방언기도가 시작되었습니다. 그 기도의 음성은 지금까지 한 번도 들어보지 못한 마치 구슬이 구르는 듯한 천사의 기도 소리와 같았는데 큰 감동을 받았습니다. 집회시간이 되어 단상 뒤에서 에이린 조지(Eileen George) 여사가 나오는데 순간적으로 소름이 끼치듯 놀랐습니다. 그분이 바로 오늘 새벽 꿈에서 본 그 여자였기 때문입니다. 더욱 놀라운 일은 그분이 영어로 봉독한 하나님 말씀을 어느 여자가 한국 말로 다시 봉독하는데, 또한 그 말씀이 하나님이 꿈으로 나에게 주신 요한일서 4장 7-8절 말씀이었습니다.

어떻게 이런 일이 있을 수 있을까, 꿈이 현실로 나타나는 은혜를 체험한 나는 하나님이 특별히 나를 위하여 이 집회를 마련하셨다는 확신이 들었습니다.

집회에 참석한 후 언제인지는 알 수 없으나 허리의 통증이 완전히 사라진 것을 알았습니다. 하나님이 나의 허리를 치유해 주신 것입니다. 그런데 곰곰이 생각해 보아도 허리를 고쳐주신 것과 꿈으로 주신 말씀과는 전혀 연관이 되지 않아 고민을 하기 시작했습니다.

어느 날 허리를 치유해 주신 하나님의 은혜는 주신 말씀을 감당하기 위한 한 준비 과정이라는 확신이 들었으며, 꿈으로 주신 말씀이 곧 나에게 주신 사명의 말씀인 것을 깨닫게 되었습니다. 그러나 한편으로는 믿음도 없고 전혀 다듬어지지 않은 나에게 어떻게 이 사명을 감당하라 하시는지 이해가 되지 않았습니다.

그로 인해 나는 심령이 답답하고 갈급하여 저녁이면 일주일에 두세 번을 남편과 함께 40마일 정도 떨어진 시에라(Sierra) 기도원을 찾아가 땅굴 속에서 하나님께 부르짖으며 기도하기 시작했습니다.

그러는 동안 나는 놀라운 내면의 변화를 체험하게 되었습니다. 누구와 대화를 하면 그의 고통과 기쁨이 나의 것으로 느껴지게 되었습니다. 또한 중보기도나 대화하는 중에 자연스럽게 예언적인 말이 나오며 상대방을 이해할 수 있게 되었습니다. 하나님은 사명을 감당할 수 있도록 나에게 필요한 은사를 베풀어주셨다는 확신을 갖게 되었습니다.

2. 사명의 길(큐티)

1) 생명의 길로

나는 어린 시절 어머니의 지혜와 때로는 무서운 책망과 끈기와 헌신적인 사랑 안에서 자라왔습니다. 친정 어머니는 믿음이 신실하신 외할아버지 영향으로 기독교 집안에서 성장하였습니다. 그러나 해방전에 전국적으로 창궐한 콜레라와 한국 전쟁으로 집안의 기둥이신 친정 아버지와 남동생을 잃었고, 계속되는 환난을 더 이상 견디기 힘들어 불교로 개종하게 되셨다고 합니다.

그 영향으로 나는 미션스쿨을 다니면서도 어머니를 따라 절에 다니게 되었으며, 1975년에 미국으로 이민 온 후에도 얼마 동안은 절에 다녔습니다. 솔직히 말하면 절에는 다녔으나 불교에 대하여 아는 것이 전혀 없었으며 알려고도 하지 않았습니다. 다만 복을 받고자 하는 마음에서 불상 앞에 나아가 남들보다 더 열심히 더 많이 절을 했습니다.

그러다 1977년 초등학교에 다니는 딸의 간절한 권유로 기독교로 개종하게 되었습니다. 또한 친정 부모님과 전 가족들도 미국으로 이민 온 후 신실한 그리스도인으로 살고 있습니다.

나의 경우 주일을 성수하고 있었지만 별로 성경은 보지 않았으며, 복을 비는 마음으로 남들보다 열심으로 예배를 드렸고 봉사도 열심히 했습니다. 그러나 솔직히 말하면 구원의 확신은 없었습니다.

이러한 신앙생활을 하던 나는 큐티를 하면서 하나님이 주신 사명을 깨닫게 되었습니다. 그리고 창세기 1장 28절 "하나님이 그들에게 복을 주시며 하나님이 그들에게 이르시되 생육하고 번성하여 땅에 충만하라, 땅을 정복하라, 바다의 물고기와 하늘의 새와 땅에 움직이는 모든 생물을 다스리라" 는 말씀을 묵상하면서 하나님은 태초부터 사람에게 변치 않는 사랑과 넘치는 복을 주시면서 한편으로는 만물을 하나님의 뜻 가운데 감사하는 마음으로 아름답게 다스리라는 청지기로서의 사명과 은사들도 함께 주신 것을 깨닫게 되었습니다.

그러나 육신의 조상 아담이 범죄 한 후부터 우리는 헤어날 수 없는 고통 속에서 마귀와 싸우며 살게 되었습니다. 하나님은 우리를 변함없이 사랑하시기에 노아를 택하여 죄에 물든 세상을 떠나 경건하게 살도록 방주를 만들라 하셨고 아브라함에게는 본토 아비 집을 떠나 당신께서 인도하시는 땅에서 하나님의 자녀답게 구별된 삶을 살라 하시며 축복의 언약을 주셨습니다. 마지막으로 메시아를 기다리는 우리에게는 성자 하나님이 성육신하여 영원한 예수 그리스도로 이 땅에 오셨습니다.

사도 바울은 마귀의 궤계를 대적하므로 예수 그리스도의 복음을 온전히 이룰 수 있도록 우리에게 "하나님의 전신 갑주(진리의 허리 띠, 의의 호심경, 평안의 복음의 신, 믿음의 방패, 구원의 투구, 성령의 검)를 취하라 이는 악한 날에 너희가 능히 대적하고 모든 일을 행한 후에 서기 위함이라"고 말씀하고 있습니다(엡 6:13).

하나님은 부족하고 준비도 되어있지 않은 나에게도 요한일서 4장 7-8절 말씀과 함께 큐티에 대한 식지 않는 열정을 주셨습니다.

큐티를 통하여 하나님의 사랑과 복음을 널리 전하고 실천하라는 사명의 말씀이었습니다. 그리고 내가 큐티를 하면서 나의 부족하고 준비되어있지 않은 점은 하나님에게는 전혀 문제가 되지 않는다는 사실도 체험과 말씀을 통하여 깨달았습니다(고전 1:26-31).

2) 큐티와 믿음의 변화

그럼에도 불구하고 다시 10년이 지난 1997년, 하나님은 다니던 교회의 분란으로 인하여 심령이 메말라가는 우리 가정을 지금 섬기고 있는 교회로 인도해 주셨습니다. 성령님이 함께하시는 예배를 처음으로 체험했습니다. 그리고 큐티를 알지 못했던 나에게 유진소 목사님을 통하여 생동감 있는 큐티를 배울 기회도 주셨습니다. 지금까지의 습관적인 신앙에서 하나님 말씀을 묵상하며 자생하는 능동적인 신앙으로 이끌어 주신 획기적인 변화였습니다.

처음으로 목사님으로부터 큐티 세미나를 듣는 시간, 지금까지 느껴보지 못했던 '그래, 바로 이것이야'라는 감동과 설렘과 솟아오르는 열정과 기쁨을 느꼈습니다. 이 마음이 지금까지 큐티에 심취할 수 있는 힘이 되었습니다.

더욱 하나님의 은혜로 열 명을 선발하여 처음이자 마지막으로 유진소 목사님이 강의하신 지도자반까지 참석하게 되었는데, 강의 첫 날 아침에 집에서 교재를 펼치는 순간 첫 페이지에 "하나님은 사랑이시다"라는 말씀이 눈에 띄었습니다.

순간적으로 그동안 잊고 지내온 요한일서 4장 7-8절 말씀이 떠올랐습니다. 그리고 "하나님이 세상을 이처럼 사랑하사 독생자를 주셨으니 이는 그를 믿는 자마다 멸망하지 않고 영생을 얻게 하려 하심이라"(요 3:16) 하신 말씀이 하나님의 사랑을 큐티를 통하여 증거하라는 소명의 말씀인 것을 깨닫게 되었습니다.

이때부터 하나님은 부족한 나를 끊임없이 기도하게 하셨으며, 사명을 감당할 수 있도록 훈련의 길로 이끄시는 것을 느낄 수 있었습니다. 나는 큐티에 심취하여 영성에 관한 서적들을 시간이 흐르는 줄도 모르며 탐독했습니다.

세미나를 수료하기도 전 가까이 사는 집사님의 권유로 큐티 나눔방에 처음으로 참석하게 되었습니다. 어느 날 나눔방을 인도하던 집사님이 나에게 나눔방을 인도해 달라는 부탁이 계기가 되어 지금까지 큐티 나눔방을 섬기게 되었습니다.

사실 내 마음속에는 큐티 나눔방을 인도해야 한다는 부담감이 있었지만 매일 성경말씀을 탐구하면서 성경을 보는 깊이가 달라지기 시작했습니다.

'왜 이 말씀을 주셨을까?', '왜 그런 행동을 하였을까?', '왜 하나님은 그 사람과 함께하시는가?'라는 여러 가지 의문점들을 말씀에 비추어가며 말씀을 관찰하고 묵상하고 적용하기 시작했고 성경 말씀의 참 뜻을 알아가게 되었습니다. 그러면서 나도 모르게 믿음이 자라나고 있었습니다. 하나님께서 나와 동행하심을 감사하며 인내하며 소명을 감당할 수 있도록 은혜와 담대한 마음으로 인도하시는 것을 깨달을 수 있었습니다(요 14:12-13). 한 증거로 큐티 나눔방을 인도할 때마다 성령님이 상담하는 지혜와 회복의 은혜로 역사하시는 것을 체험하게 되었습니다. "바라는 것들의 실상과 보이지 않는 것들의 증거"(히 11:1)의 풍성한 열매를 주셨습니다.

　하나님은 내가 큐티를 하면서 체험한 하나님의 은혜를 증거하는 증인의 삶을 살게 하셨습니다. 이 책을 쓰는 목적도 어느 누구나 큐티를 쉽게 할 수 있는 방법은 물론 누구나 큐티를 함으로 하나님의 임재를 체험할 수 있다는 사실을 증거하며 전하고자 하는 것입니다.

"불꽃 가운데 사명을 주신 하나님"
(출애굽기 3장 1-10절 말씀 묵상)

　나에게 주신 사명을 묵상하면서 출애굽의 사명을 받은 모세와 함께하시는 하나님을 묵상해 보았습니다.

　푸르고 맑은 하늘과 좀 쌀쌀한 이른 아침 바람은 정신을 맑게 합니다. 오늘은 새로운 나눔방으로 두 번째 모이는 날입니다. 삼십 대 초반에서 오십 대 전인 일곱 자매님들이 모였습니다.

　나는 오랜만에 우리집에서 모이게 되어 우거지 갈비탕을 준비했습니다. 들어오는 자매님들의 밝은 얼굴을 보니 모두들 일주일 동안 말씀 묵상을 은혜롭게 한 듯 보였습니다.

　오늘의 말씀은 출애굽기 3장 1-10절 "불꽃 가운데 만난 하나님, 사명을 받은 모세"에 대한 말씀입니다.

　말씀의 간추린 내용은 모세가 장인 이드로의 양 떼를 이끌고 하나님의 산 호렙에 이르렀을 때 불이 붙었으나 사라지지 아니하는 떨기나무 가운데로부터 나오는 불꽃 안에서 여호와의 사자가 모세에게 나타나셨습니다. 그리고 여호와께서 "모세야 모세야"를 부르시고 모세는 "내가 여기 있나이다"라고 대답하고 있습니다.

그때 하나님은 모세에게 "나는 네 조상의 하나님, 아브라함의 하나님, 이삭의 하나님, 야곱의 하나님이시라"(출 3:6)고 말씀하십니다.

이 말씀에서는 하나님이 아브라함에게 하신 언약은 바로 이삭과 야곱으로 이어지는 믿음의 자손에게 하신 것이고, 하나님을 믿는 것만이 언약이 성취될 수 있는 축복의 통로라는 뜻을 깨달을 수 있었습니다.

하나님은 모세에게 "내가 애굽에 있는 내 백성의 고통을 분명히 보고 부르짖음을 듣고 그 근심을 알았으며 내려가서 그들을 애굽인의 손에서 건져내고 그들을 인도하여 아름답고 광대한 땅 젖과 꿀이 흐르는 땅으로 인도하겠다"(출 3:7-10 참조)라고 말씀하시며 모세를 통해 이루시겠다는 언약을 이루실 계획을 말씀하십니다.

모든 소망을 포기하고 장인 이드로의 집에서 양 떼를 치고 있던 모세로서는 전혀 상상치도 못한 하나님과의 만남이며 영광스럽고 두려운 순간이었습니다(출 3:8). 하나님은 모세에게 "이제 가라"고 하십니다. 여기까지가 오늘 주시는 말씀의 내용입니다.

본문 말씀을 묵상하기 전에 우리는 먼저 출애굽기 1장부터 3장에서 모세가 태어나서 하나님을 만날 때까지의 삶을 살펴볼 필요가 있습니다. 왜냐하면 모세의 삶을 관찰함으로 모세의 내면을 아는 것이 묵상에 도움이 되며, 또한 우리의 삶을 비추어봄으로 소망을 새롭게 하는 데 도움이 될 수 있기 때문입니다.

① 모세가 태어난 배경

애굽 왕 바로는 북쪽에서 내려온 이스라엘 민족이 애굽인들보다 강하고 크게 번성하는 것이 두려워 히브리 산파에게 "해산을 도울 때 아들이면 죽이라"(출 1:8-22)고 명령했습니다. 그러나 하나님의 은혜를 입고 하나님을 경외하는 산파들은 바로의 명령을 어기고 남자 아기들을 살림으로 백성은 더욱 번성하고 매우 강해졌습니다(출 1:17-21).

② 구원받은 모세

모세의 부모(레위 지파)는 갓 태어난 모세의 준수함을 보고 석 달 동안을 숨겨 길렀으나 더 이상 숨길 수가 없어 그를 갈대 상자에 담아 나일 강가 갈대 숲에 띄웠습니다(출 2:2-3).

마침 시녀들과 함께 목욕하려고 나일 강으로 내려오던 바로의 딸이 떠내려오는 갈대 상자를 보고 건져보니 상자 속에서 아이가 우는 것을 보았습니다. 공주는 비록 아이가 히브리 아이인 것을 알았지만 불쌍한 마음이 들었습니다(출 2:6). 그 광경을 지켜보고 있던 모세의 누이 미리암의 지혜로 모세의 어머니 요게벳이 유모로 들어가서 삯까지 받아가며 모세를 품안에서 길렀으며, 그가 자라서 바로의 딸의 아들이 되었습니다.

우리는 이 과정에서 하나님은 모세가 태어날 때부터 함께하고 계신 것을 알 수 있습니다. 그리고 모세를 가장 선한 길로 인도하시는 방법으로 그의 어머니 요게벳과 누이 미리암과 바로의 딸을 들어 쓰시는 섭리를 알 수 있습니다.

③ 모세의 성장 과정

모세는 40년을 바로의 궁에 살면서 지도자의 교육은 물론 질서 속에서도 정도를 걸으며 영과 몸도 강하고 담대한 모습으로 연단받으며 성장했습니다. 또한 국가의 조직과 통치에 관한 많은 견문으로 인하여 치밀하고 조직적이고 적극적인 성품을 갖고 있는 것도 알 수 있습니다.

그 증거로 어느 날 모세가 자기 동족들이 노역하는 곳에 갔다가 한 애굽 사람이 히브리 사람을 치는 것을 보고 좌우를 살펴본 후 사람이 없는 것을 보고 애굽 사람을 쳐죽여 모래 속에 감춘 사건이나, 싸우는 히브리 사람을 판단한 사건 등을 보면(출 2:11-14) 그는 겉으로는 애굽의 문화에 충실한 생활을 하였으나 마음속에는 항상 선민으로서의 긍지와 동포애와 정의감으로 가득 차 있었으며, 한편으로는 바로에 대한 분노가 쌓여 있는 것을 알 수 있습니다.

④ 목자 생활의 연단

하나님은 살인한 모세가 치러야 할 죄의 대가로 모세를 가장 선한 방법으로, 도피성과 같은 미디안 광야로 이끌어 내시어 40년의 연단생활을 시키셨습니다. 하나님의 섭리였습니다.

하나님은 모세와 동행하고 계셨습니다. 모세가 미디안의 우물 곁에 앉아 있을 때 마침 미디안 제사장 르우엘(이드로)의 딸 일곱이 양

떼에게 물을 먹이려고 물을 길으러 왔는데, 목자들이 그녀들을 쫓는 것을 보고 그녀들을 도와주었습니다.

모세는 미디안에서의 생활을 하나님의 섭리로 믿고 순종하며 40년을 인내하며 하루하루 성실히 양 떼를 인도하며 광야 생활에 익숙하게 되었습니다. 그렇게 그는 양 떼의 습성을 알아가며 음성을 분별할 수 있게 됩니다. 또한 광야의 지리와 기후도 잘 알게 되었습니다.

이러한 모세의 광야에서의 목자 생활이 그가 훗날 히브리 민족을 자신이 살아온 광야로 출애굽시키며, 그들의 고통 소리를 들을 수 있는 지도자로 서는 훈련의 기간이 되었습니다. 이 모든 것이 하나님의 섭리임을 알 수 있습니다.

위에서 살펴본 바와 같이, 하나님은 모세를 통하여 아브라함과 이삭과 야곱에게 약속하신 언약을 이루어가십니다. 이 언약을 이루시기 위하여 하나님은 모세를 애굽에서 40년, 미디안 광야에서 40년을 훈련시키셨으며, 마지막 40년을 출애굽한 이스라엘로 하여금 하나님을 알고 경외하도록 사용하셨습니다.

미디안 광야에서 40년의 긴 세월 동안 양 떼를 치고 있었던 모세는 갑자기 불꽃 가운데 나타나신 하나님으로부터 너무나 중대한 소명을 받고 매우 당황하였을 것입니다.

그가 애굽에서 쌓은 경륜은 녹슬었으며, 그동안 많이 변화되었을 애굽에 대하여 생소한 생각도 있었기에, 하나님께 자신은 사명을 감당하기에 너무나 부족하고 능력이 없는 인간적인 생각을 두려운 마음으로 진술하게 고백하고 있습니다.

이러한 모세의 고백을 들으신 하나님은 그의 불같고 교만했던 성품이 오랜 광야생활로 침착하고 겸손하며 현실을 인정하고 현실에 충실한 성품으로 다듬어진 것을 보셨을 것입니다.

하나님은 이때를 기다리고 계셨던 것 같습니다. 모세는 하나님의 소명의 말씀이 단호한 것을 알고 하나님을 믿고 소명에 순종하기로 결단했습니다. 그리고 히브리 사람들과 생사를 같이 할 각오로 가족과 함께 애굽으로 들어갔습니다.

하나님은 택하신 사람에 대하여는 그가 능력이 있고 없고를 상관하지 않으십니다. 전능하신 하나님은 사명의 길을 가는 사람에게는 반드시 그보다 앞서 가시며 그가 어떠한 어려움에 처할지라도 '광야에 길을 내고 사막에 강을 내주신다'(사 43:19-20)고 하신 말씀과 같이 가장 선한 방법으로 인도해 주십니다. "하나님을 믿고 강하고 담대하라"고 말씀하십니다.

나눔방 자매님들은 지금까지 살아온 삶을 모세의 삶에 비추어보면서 새로운 삶을 발견했습니다. 누구에게도 드러내고 싶지 않은 문제들을 털어놓기 시작했습니다. 지금까지 불가능하다고 생각하였던 여러 가지 일에 다시 소망을 갖는 모습을 보았습니다.

성령님이 함께하시는 시간이었습니다. 원망하기보다 먼저 나를 돌아보며 현실을 하나님의 섭리라고 인정하며, 당면한 어려움 또한 하나님의 연단이라는 것을 깨달은 시간이었습니다.

그리고 하나님이 원하시는 것은 자아가 깨어지고 낮아져 하나님의 말씀에 순종하는 것임을 다시 깨닫게 되었습니다. 모세와 함께하신 하나님은 지금도 하나님의 소명의 길을 걷고 있는 나를 포함

한 모든 하나님의 자녀들과 함께하시며, 푸른 초장과 잔잔한 물가로 인도하심을 믿고 소명에 순종하기를 다짐하는 결단의 시간이 되었습니다.

3. 은혜가 임하는 큐티

1) 큐티란?

하나님은 "이르시되"라는 말씀으로 천지를 창조하셨습니다(창 1장). 그리고 요한복음 1장 1-5절 말씀에 보면, '생명이 있는 그 말씀이 천지를 창조하셨다고 말씀하십니다. 요한복음 1장 9-18절에서는 '말씀이 곧 참 빛 각 사람에게 비추는 빛'이라고 했습니다. 연이어 "말씀이 육신이 되어 우리 가운데 거하시매 우리가 그 영광을 보니 아버지의 독생자의 영광이요 은혜와 진리가 충만하더라"(14절)고 했습니다.

위의 말씀에서 우리는, 천지를 창조하신 능력의 말씀과 세상을 비추는 빛이 곧 진리이며 하나님의 독생자 예수 그리스도이신 것을 알 수 있습니다(요일 1:1-2). 그리고 예수님이 세상에 주신 사랑이 예수 그리스도 자신이신 것도 알 수 있습니다(롬 13:10; 요일 4:8).

그러므로 큐티란, 성경 말씀의 묵상을 통해 하나님의 언약, 곧 예수 그리스도의 복음을 믿고 사랑하는 삶을 살아감으로, 생명나무의 열매를 먹고 영생하는 자격을 받을 수 있는 영성 훈련이라고 하겠습니다. 성경에는 하나님의 성품과 언약과 예수 그리스도의 복음과(마 26:54) 인간과 하나님과의 사건들이 자세히 기록되어 있습니다.

"모든 성경은 하나님의 감동으로 된 것으로 교훈과 책망과 바르게 함과 의로 교육하기에 유익하니"(딤후 3:16).

나는 큐티를 하기 전까지는 성경을 마치 소설책을 읽는 것처럼

'아! 그렇구나! 그랬었구나! 참! 진리의 말씀이구나! 아주 나쁜 왕이구나! 저래서는 안 되는데! 나도 저렇게 살아야지!' 등 말씀 안에 있는 구경꾼처럼 읽었습니다. 그러나 큐티를 한 후부터는 성경 말씀 안에서 하나님의 마음과 진리를 깨달아 소화하며 하나님의 사랑을 묵상하고 삶에 적용하게 되었습니다. 구원의 확신을 갖게 되었습니다. 치유와 회복을 체험하며 소망이 이루어진다는 확신을 갖게 되었습니다.

우리는 성경 말씀을 계속 탐구하고 묵상하여야 진정으로 하나님을 만날 수 있으며, 믿음으로 진정한 구원을 받을 수 있습니다. 하나님의 자녀로서 하나님의 말씀에 순종하면 하나님의 사랑 안에서 서로 사랑하며 살 수 있습니다.

마치 아이가 자라면서 먼저 말을 배워야 부모님이나 다른 사람과 의사 소통을 할 수 있으며, 또한 사람들이 언어가 다른 나라로 이민을 가면 먼저 그 나라의 언어를 배워야 그 나라를 알고 그 나라의 문화를 즐기며 서로 어울려 살 수 있는 것과 같습니다.

하나님 말씀이 능력의 말씀으로 역사하는 큐티를 하기 위해서는 몇 가지 필요한 것이 있습니다.

① 자기를 부인해야 합니다.

"또 무리에게 이르시되 아무든지 나를 따라오려거든 자기를 부인하고 날마다 제 십자가를 지고 나를 따를 것이니라 누구든지 제 목숨을 구원하고자 하면 잃을 것이요 누구든지 나를 위하여 제 목숨을 잃으면 구원하리라"(마 16:24-25; 막 8:34-35; 눅 9:23-24)라고 예수님이 베드로에게 말씀하신 바와 같이, 세상적인 편견과 이기심을 버리고 어린아이와 같은 순전한 마음으로 하나님 말씀에 순종하겠다는 결단과 자세가 필요합니다. 그러나 중요한 것은 먼저 나를 비우는 것입니다.

그리하면 "예수께서 이르시되 내가 곧 길이요 진리요 생명이니 나로 말미암지 않고는 아버지께로 올 자가 없느니라"(요 14:6)라고 하신 말씀이 곧 예수님이 생명나무이시며, 예수님의 십자가가 생명나무로 가는 길이며, 예수님이 주신 사랑의 계명을 따라 사는 것이 생명나무로 가고 있는 길임을 깨닫게 됩니다.

② 입술의 훈련이 필요합니다.

"이와 같이 혀도 작은 지체로되 큰 것을 자랑하도다 보라 얼마나 작은 불이 얼마나 많은 나무를 태우는가 혀는 곧 불이요 불의의 세계라 혀는 우리 지체 중에서 온 몸을 더럽히고 삶의 수레바퀴를 불사르나니 그 사르는 것이 지옥 불에서 나느니라"(약 3:5-6)

하나님은 내가 처음 큐티를 시작하였을 때 약 3개월 동안 기도와 혹은 책을 통하여 입술에 관련된 훈련을 시키셨습니다. 처음에는 하나님의 뜻을 알지 못했습니다.

나눔방에서 가장 중요한 것은 말을 조심하는 것입니다. 할 말과 해서는 안 될 말을 가려서 하고 본인의 허락 없이는 개인적인 사연을 누구에게도 누설해서는 안 될 뿐만 아니라 기도 제목으로도 내놓아서는 안 됩니다. 하고 싶은 말을 참는 것도 믿음이 성장하는 과정이라고 하겠습니다.

나눔방에서 진솔하게 나눈 개인적인 내용들이 밖으로 나아가게 되면 나눔방이 오래 지속될 수 없습니다. 나 자신이나 방원들은 오직 그 성도를 위하여 상담하고 중보기도를 하는 것이기 때문에 누설해서는 안 됩니다. 누설하는 것은 상처에 상처를 더해주는 결과를 가져옵니다. 나눔방에서 고백하는 개인적인 문제 중에는 때로는 하나님 외에는 알아서는 안 될 내용까지 고백할 때도 있습니다. 우리는 그 고백의 소중함을 알고 지속적으로 기도해야 합니다.

지금까지 나눔방을 하는 동안 말로 인한 불미스런 일이 없었던 것은 성령님이 우리들의 입술을 지켜주신 은혜였습니다.

"허물을 덮어 주는 자는 사랑을 구하는 자요 그것을 거듭 말하는 자는 친한 벗을 이간하는 자니라"(잠 17:9).

③ 성령 체험

큐티를 하면서 하나님의 영이 나의 영과 연합될 때 하나님 말씀이 능력의 말씀으로 내 심령에 역사하는 것을 체험하게 되었습니다.

가족들이 아직 잠들어 있는 어느 새벽, 아래층 방에 내려가 말씀을 묵상하려고 앉았을 때 벽에 걸려 있는 나무 십자가가 그날따라 유난히도 크게 보였습니다. 그리고 실제로 예수님이 나를 위하여 십자가에서 처참하게 죽으신 느낌이 들었습니다. 나는 십자가를 바라보며 부지불식간에 기도를 했습니다.

얼마나 시간이 흘렀는지 모릅니다. 성령에 취하여 방언으로 울부짖으며 기도를 드리고 있었습니다. 하나님이 주신 가장 귀한 선물인 성령님의 임재하심 가운데 나아갈 때 나의 참 모습이 보이며 입에서는 생각지도 못한 회개가 터져 나왔습니다. 지금까지 상대방의 잘못이라고 생각하고 있던 일들을 이해하게 되었으며 용서가 일어났습니다.

회개와 용서 없이는 사랑을 할 수도 없고, 불쌍히 여기는 마음이 없이는 십자가의 사랑을 느낄 수도 없다는 것을 깨달았습니다. 지금까지 깨닫지 못하고 있던 내면에 감추어져 있던 내 자신이 보이며, 숨겨져 있던 교만과 누구도 꺾지 못하던 자존심과 욕망을 깨닫게 되었습니다.

그 당시 나는 누구보다도 소중하고 사랑하던 한 자녀와의 관계가 무너진 상태였습니다. 사랑과 정성으로 키웠던 수고가 하루아침에 무너지는 것 같은 마음으로 무척 힘들어할 때였습니다. 허탈감에 빠져 있던 나에게 기다림의 소망이 떠올랐습니다. 바로 성령님의 감동이었습니다. 나를 위하여 십자가에서 고통을 당하며 죽으신 예수님의 은혜는 생각조차 못하고 이기적인 믿음으로 살고 있던 나의 모습이 보였습니다. 지금도 그 순간을 잊을 수 없는 것은 내 안에 숨어 있던 교만과 아집이 무너지며 십자가에 달리신 예수님과 만남의 순간이 있었기 때문입니다.

그때부터 큐티의 문이 열리기 시작하였습니다. 하나님의 말씀이 어두운 내면에 빛으로 비추이며 혼과 영과 및 관절과 골수를 쪼개기까지 하는 능력으로 나타난 것입니다. 어느 누가 말한다고 들었겠습니까? 그 당시에는 나의 부족함은 깨닫지 못하고 내 마음에 만족스럽지 못한 것들만 생각했습니다. 말씀이 내면에 역사하면서 뿌리 깊은 나의 고정관념을 뒤집어 놓았습니다. 상황은 변하지 않았으나 큐티로 하나님과 교통하는 가운데 생각의 주체인 내가 변화되어 가고 있었습니다.

모든 것을 포기하고 싶을 정도로 아프고 힘들었던 상황으로 인하여 하나님 앞으로 더 가까이 갈 수 있을 뿐만 아니라, 오히려 하나님께 감사하는 마음으로 변하고 있는 것을 깨닫게 되었습니다. 성령님의 인도하심으로 영적 홍해를 건너는 체험을 했습니다. 내가 큐티를 지금까지 기쁨으로 지속적으로 심취할 수 있었던 것도, 말씀을 묵상할 때면 하나님께서 함께하실 뿐만 아니라 말씀에서 세상에서는 얻을 수 없는 값진 보화를 찾을 수 있었기 때문입니다.

이는 누구에게도 설명하기 힘든 나만이 간직하고 있는 기쁨입니다. 물론 이것은 성령님의 도움이 있어야 가능한 일입니다. 말씀 앞에 나의 내면이 숨김없이 펼쳐질 때면 말씀이 때로는 선생님처럼, 때로는 부모님처럼, 때로는 친구처럼 말씀하여 주십니다.

말씀을 묵상하다 보면, 말씀이 빛이 되어 내 안의 구석구석까지 비추어져 피할 수 없게 됩니다. 마음이 어두우면 어두울수록 빛은 더욱 밝게 비쳐집니다. 때로는 사랑으로, 때로는 어느 누구도 감히 말할 수 없는 날카로운 책망과 질책으로 마음의 아픈 곳까지 드러내어 눈물로 회개하지 않고는 견딜 수가 없었습니다.

2) 큐티의 목적

큐티는 말씀을 묵상함으로, 하나님과 자신을 알아감으로, 구원이 성취되어 하나님의 형상을 회복하는 것입니다. 그럼에도 내면에 있는 죄의 성품 때문에 진정으로 하나님을 알고 믿는다는 것은 결코 쉬운 일이 아닙니다. 그러므로 큐티는 바로 성경말씀을 성령의 감화 감동으로 꾸준히 묵상하여 성숙된 믿음으로 주님의 형상을 회복하며 사랑으로 소망을 이루어 가는 영성 훈련입니다.

① 하나님과의 관계 회복

"우리가 다 하나님의 아들을 믿는 것과 아는 일에 하나가 되어 온전한 사람을 이루어 그리스도의 장성한 분량이 충만한 데까지 이르리니 이는 우리가 이제부터 어린아이가 되지 아니하여 사람의 속임수와 간사한 유혹에 빠져 온갖 교훈의 풍조에 밀려 요동하지 않게 하려 함이라"(엡 4:13-14).

무디(D.L. Moody)는 "성경은 우리에게 지식을 증대시키려고 주신 것이 아니라 우리의 삶을 변화시키려고 주신 것이다"라고 말했습니다. 그러나 말씀으로 변화받는다는 것은 결코 쉬운 일이 아닙니다.

"믿음이 없이는 하나님을 기쁘시게 하지 못하나니 하나님께 나아가는 자는 반드시 그가 계신 것과 또한 그가 자기를 찾는 자들에게 상주시는 이심을 믿어야 할지니라"(히 11:6)라는 말씀과 같이, 하나님을 믿는다는 것은 예수 그리스도를 믿음으로 하나님과의 단절된 관계가 회복되는 것이며, 모든 질고에서 해방되어 하늘에서 주시는 평안과 영생의 소망안에서 신령한 복을 누리며 살기 위한 것입니다 (사 53:2-6). 그러나 보이지 않는 하나님을 믿고 말씀에 따라 사는 것은 결단과 꾸준한 노력 없이는 힘든 일입니다.

교회를 다닌 지 얼마 되지 않았을 때 교회에서는 LA에 있는 Y교회의 K목사님을 모시고 부흥집회를 했습니다. 강사 목사님의 설교 중에 지금도 잊혀지지 않는 말씀이 있습니다.

"어린아이가 몇 년이 지나도 엄마의 젖꼭지나 물고 있으면 이 아이를 어디에 쓰겠습니까? 여러분의 믿음이 이래서야 되겠습니까?"

목사님은 교회는 오래 다니고 있으나 믿음 없는 우리를 보며 안타깝고 답답한 심정에서 하신 말씀인데도 우리는 그 말씀을 들으며 얼마나 웃었는지 모릅니다.

하나님을 진정으로 알게 되는 것은 하루아침에 이루어지지 않습니다. 많은 사람들은 얼굴을 한두 번 본 것으로 그 사람을 안다고 말하기도 합니다. 그러나 참으로 그 사람을 안다는 것은 그 사람과 가까이 교제하며 성품과 생각과 주변 사람, 그리고 살아온 배경까지 잘 알만큼 친밀한 관계가 되었을 때 잘 안다고 말할 수 있을 것입니다.

하나님과의 관계도 이처럼 되었을 때 하나님은 우리와 늘 함께 있고 싶으실 것입니다. 하나님을 깊이 알아간다는 것은 바로 믿음이 깊어지는 것이며, 하나님 말씀이 우리의 영을 인도하게 될 때 육적인 욕망이 영적인 진리의 방향으로 바꾸어지게 되며, 우리는 참된 크리스천이 됩니다.

우리는 아름다운 세상에서 복을 누리며 행복하게 살도록 창조되었습니다. 그러기 위하여 우리는 "나는 인애를 원하고 제사를 원하지 아니하며 번제보다 하나님을 아는 것을 원하노라"(호 6:6)고 하신 말씀과 같이 말씀을 꾸준히 묵상함으로써 하나님을 더욱 깊이 알아가고, 예수 그리스도와 한 몸을 이루어 예수님의 성품으로 닮아가야 합니다. 그럴 때 우리 안에 주님의 형상이 회복되고, 주님이 가르쳐주신 기도(마 6:9-13)가 이루어지며, 청지기의 복을 누리게 될 것입니다. 이것이 하나님이 사람을 창조하시고, 예수님이 이 땅에 오신 목적이며, 이 목적을 이루기 위한 것이 큐티의 목적이라고 할 수 있습니다.

② 믿음과 인격의 성장

"모든 성경은 하나님의 감동으로 된 것으로 교훈과 책망과 바르게 함과 의로 교육하기에 유익하나니"(딤후 3:16)라는 이 말씀을 묵상할 때, 나는 성경이 곧 하나님의 말씀이요 뜻이요 생명이 있는 것을 다시 한 번 깨닫게 되었습니다. 우리는 성경 말씀(logos)을 성령의 감화 감동에 따라 묵상하여야 말씀의 참 뜻을 깨달을 수 있고, 오늘 나에게 하시는 능력의 말씀(rhema)으로 받을 수 있습니다. 그리고 삶에 적용하고 실천함으로 영이 소생되어 새로운 피조물로 거듭나게 되며 하나님과 친밀한 교제가 이루어집니다. 그러므로 큐티하는 시간은 나와 하나님과 비밀스럽고 경건한 지성소 예배의 시간입니다.

큐티 나눔방으로 모이는 날이었습니다.

히브리서 4장 12-13절을 묵상할 때였습니다.

이곳 LA의 여름은 길면서도 화씨 100도를 오르내리는 건조하고 짜증나게 하는 길고 긴 계절입니다. 큐티 나눔방에 믿음이 돈독한 집사님이 연로하신 시어머니 권사님과 같이 참석하게 되었습니다. 고부가 함께 큐티를 한다는 것은 정말 쉬운 일이 아닙니다.

만날 때부터 고부간의 관계가 약간 심상치는 않게 느껴졌습니다. 오늘은 참 어렵고 조심스러운 나눔방이었습니다. 시어머니는 두통과 위장약을 나눔방에 와서도 복용했습니다. 권사님은 이 자리가 며느리 이야기를 할 수 없는 분위기인데도 틈만 나면 절제를 못하고 툭툭 말씀하셨습니다. 그렇다고 누가 시어머니에게 충언을 할 수도 없고 정말 조심스런 나눔이었습니다. 모든 방원들이 지혜롭게 한마음으로 섬겨드렸습니다.

우리는 이 문제를 중보기도의 제목으로 놓고 집에 가서도 기도하기로 했습니다. 마음이 여린 며느님이 말은 못하고 힘들어하는 모습이 가슴 아프게 느껴졌기 때문입니다. 권사님은 권사님이신데 성경 말씀을 가까이하지 않으신 듯했습니다. 그러나 큐티 나눔방을 나오시기에 말씀을 여러 번 읽고 생각나는 대로 글로 적어오라고 말씀드리고 우리도 진심으로 기도를 했습니다.

얼마 후 상상할 수 없는 일이 일어났습니다.

요한복음 3장 16절의 말씀으로 시어머니 마음에 변화가 일어난 것입니다.

"하나님이 세상을 이처럼 사랑하사 독생자를 주셨으니 이는 그를 믿는 자마다 멸망하지 않고 영생을 얻게 하려 하심이라"고 하신 말씀에서 하나님의 사랑이 우리 죄인을 위하여 하나밖에 없는 독생자를 내어 주신 하나님의 사랑과, 예수 그리스도를 믿는 자마다 영생을 얻게 된다는 사실을 깨달은 것입니다. 권사님은 특별히 하나님이 죄 많은 자기를 얼마나 사랑하시는지도 깨달았습니다.

믿음생활을 몇십 년 하신 권사님은 왠지 요한복음 3장 16절 말씀이 한 자 한 자 마음에 와닿으며 며느리의 힘들었던 마음을 생각하고 밤새 우셨답니다. 며느리의 마음을 깨닫게 된 것입니다. 시어머니는 자신도 놀란 이 사실을 하루라도 빨리 나눔방에 와서 이야기하고 싶어 하루하루 지내는 것이 너무 길었다고 하셨습니다. 권사님을 사랑하시는 하나님의 사랑이 며느리에게 전하여진 것입니다.

이 놀라운 사실로 인하여 시어머니는 그렇게 오랫동안 복용하던 약을 끊었을 뿐만 아니라 얼굴색도 밝아 보였습니다. 이제는 죽음에 대한 두려움도 없고 영생을 확신하게 되었다는 것을 입으로 시인하며 간증하셨습니다. 권사님의 마음을 누가 바꿀 수 있었겠습니까? 우리는 시어머니가 먼저 며느님에게 손을 내밀며 회개하고 우시는 모습을 보았습니다.

"대저 하나님의 모든 말씀은 능하지 못하심이 없느니라"고 하신 누가복음 1장 37절 말씀과 같이, 성령님은 그날 시어머니 권사님에게 역사하여 얼어 붙었던 마음을 녹여주셨으며, 내면에 깊이 드리워 있던 어둠을 쫓아내 주신 것입니다.

③ 소망의 등불

독일 격언 중에 "바다가 잔잔하면 선원이 단련되지 않는다"라는 말이 있습니다. 하나님을 믿는 사람이라 할지라도 생각지도 못했던 폭풍 같은 환난으로 캄캄한 절망 속에서 헤어나기 힘들었던 경험이 있었을 것입니다.

환난을 당하는 사람들을 보면, 우선 피하고 싶어하는 사람과 대책 없이 그대로 주저앉는 사람, 환난을 견디며 끝까지 앞으로 헤쳐 나아가는 사람을 볼 수 있습니다.

우리의 소망은 오직 하나님의 언약을 믿으므로 말씀(약속)이 현실로 이루어지는 것을 바라는 것입니다. 우리가 소망을 가질 수 있는 근거는 하나님의 은혜, 즉 창조하신 하늘과 땅과 만물 안에서 누리는 창조의 은혜와 구원의 은혜와 진리로 인도하시는 은혜 안에서 살고 있기 때문입니다. 그러므로 우리가 소망을 이루어가기 위해서는 진정으로 하나님을 경외하는 마음과 감사하는 마음이 마음속 깊은 곳에서 우러나야 합니다. 그리고 진리와 사랑에 순종할 때 소망이 성취된다는 확신을 당당하게 가질 수 있게 될 것입니다.

그러나 공의의 하나님은 언약을 주신 이스라엘이라 할지라도 언약을 감당할 수 있는 자질이 갖춰질 때까지 그에 합당한 훈련으로 연단하심을 알 수 있습니다. 아브라함과 이삭과 야곱의 하나님은 지금도 변함없이 믿음의 사람들을 가장 합당한 방법으로 연단하고 계십니다.

성경에 나오는 믿음의 사람들을 보면, 하나님은 그들에게 언약을 주시고 동행도 하고 계셨으나 그들의 삶은 결코 평탄하지 않았습니다. 감당하기 힘든 두려움이나 역경 속에서도 그들은 하나님의 약속을 붙잡고 인내하며 살아온 것을 볼 수 있습니다.

우리는 하나님의 자녀입니다. 이것은 너무나 값진 축복입니다. 성경에서 주님은 사랑하는 자들을 징계하시고, 그가 받아들이시는 아들마다 채찍질하신다고 말씀하고 있습니다(히 12:6).

부모님들도 사랑하는 자녀에게 훈계하고 책망도 하십니다. 그러나 부모님은 마음이 너무 아파서 뒤돌아서서 울기도 하십니다. 자식을 사랑하기 때문입니다. 나와 상관없는 관계라면 그렇게 할 이유도 없고 해서도 안 됩니다. 그러한 부모님의 마음을 모르는 자녀들은 야단맞은 서러움에 소리내어 울기도 합니다. 부모의 눈물과 자녀의 눈물은 이토록 전혀 다른 눈물입니다.

하나님은 고통을 당하나 그 고통의 뜻을 모르고 고통에 눌려있는 사람들에게 "낙심하지 말라, 담대하라"고 말씀하셨습니다.

"무릇 징계가 당시에는 즐거워 보이지 않고 슬퍼 보이나 결국에는 그로 말미암아 연단 받은 자에게는 의와 평강의 열매를 맺느니라"(히 12:11)라고 하신 말씀과 같이, 사랑하는 자에 대한 징계는 하나님이 뜻을 이루어가는 과정입니다. 징계를 당할 당시에는 이해할 수 없고 감당하기 어려울지라도 고난을 믿음으로 견디는 자, 이기는 자에게는 의와 평강의 열매와 천국의 소망을 약속하고 계십니다.

믿음을 쌓아가는 것은 결코 쉽지 않습니다. 눈으로 볼 수 없고 음성도 들을 수 없는 하나님을 믿어야 하기 때문입니다. 인내하는 것 역시 어려운 일입니다. 그러나 아무리 힘든 역경일지라도 성령님의 도움을 받으면 하나님의 말씀이 삶 속에 뿌리를 내리게 되어 믿음이 흔들리지 않게 됩니다. 하나님은 이러한 믿음의 사람을 기뻐하시며 함께하십니다.

자매님들과 오랫동안 큐티 나눔방을 하면서 크든 작든 고통과 환난을 당하지 않는 사람이 없다는 사실을 알게 되었습니다.

어느 날 나눔방에는 갑작스럽게 환난을 당하고 몹시 힘들어하는 K권사님이 참석했습니다. 무슨 말로 위로를 해야 할지 생각조차 떠오르지 않았습니다. 오히려 위로의 말을 어떻게 받아들일지 조심스러웠습니다. 한 가지 마음은 어떻게 하면 권사님이 이 자리에서 위로를 받고 조금이라도 마음에 평안을 찾을 수 있을까 하는 마음이었습니다.

그날의 말씀은 마태복음 26장 36-46절 말씀이었습니다.

예수님이 십자가에 돌아가시기 전 고난의 쓴잔을 하나님 아버지의 원대로 받아들이는 말씀으로 나눔을 했습니다.

"내 아버지여 만일 할만하시거든 이 잔을 내게서 지나가게 하옵소서 그러나 나의 원대로 마시옵고 아버지의 원대로 하옵소서"(39절).

예수님은 겟세마네 동산에서 세 번이나 하나님께 기도하셨습니다. 이 말씀을 묵상할 때 우리 마음은 기로에서 울부짖으며 기도드리는 예수님의 마음이 그대로 느껴져서 너무나 아팠습니다.

예수님은 앞으로 당하실 십자가의 고통이 사람으로서는 얼마나 감당하기 힘든 일인 것을 아시기 때문에 땀방울이 핏방울이 되도록 아버지께 간절히 기도드렸습니다. 예수님의 고통스런 마음이 우리 마음에 들어왔습니다. 인자 예수님이 다가오는 죽음 앞에 놓인 고난의 잔을 받기까지 '얼마나 힘드셨을까?' 하는 묵상을 서로 나누며, 우리 모두는 그토록 값진 그리스도의 구원의 은혜에 감사하며 눈물을 흘렸습니다.

그때 권사님 한 분이 간증을 했습니다.

오래 전에 장래가 촉망되었던 장성한 두 아들을 갑자기 천국으로 보낸 상상조차 할 수 없는 환난을 연이어 겪은 아픔을 말씀했습니다. 우리가 겟세마네 동산에서 기도하시는 예수님의 마음을 묵상하는 중에, 권사님이 힘들었던 고난의 시간들을 말씀과 기도로 견디면서 하나님만이 주실 수 있는 평강과 축복의 길로 위로해 주셨다는 간증을 했습니다. 말씀 묵상과 간증을 통해 고통 중에 힘들어하시던 K권사님도 많은 위로와 소망으로 마음이 더욱 담대해지는 모습을 보았습니다.

"전에 나는 당신에 대해서 들었습니다 하지만 지금은 당신을 봅니다" (욥 42:5).

하나님은 고통이 다가오면 현실을 인정하고 그 고통을 받아들여야 한다는 것을 깨우쳐 주십니다. 고통을 피하여 도망가는 것은 고통을 안고 괴로움 속에 살게 합니다. 그러나 감당하기는 힘들지만, 그 고통을 받아들일 때 비록 상황은 바뀌지 않았을지라도, 그 고통 가운데서 하나님을 만나고 하나님을 의지하고 믿게 됨으로 고통은 점점 사라집니다. 그 자리에 하나님의 평안이 들어오게 됩니다. 다윗은 시편 62편 5-6절에서 힘든 일이 있을 때뿐만 아니라 수

시로 하나님 앞에 마음을 토하며 오직 하나님만 바라보고 의지했습니다.

하나님의 사랑 안에 살고 있는 우리는 하루하루를 하나님 말씀을 거울삼아 목적 있는 삶을 살아야 합니다.

'나는 누구인가? 하나님은 어떤 분이시며 나는 어떻게 살아가야 할 것인가? 나에게 주신 사명은 무엇인가?'를 항상 생각하며 그에 합당한 방향으로 사는 것이 중요합니다.

④ 치유와 회복

큐티 나눔방을 오랫동안 하면서 다양한 사람들을 만날 수 있었습니다. 교회에 열심히 출석하는 직분자인데도 삶에 평안을 누리지 못하는 자매님과 큐티를 하게 되었습니다.

자매님과 큐티를 나누다 보면 그 내면에 떨쳐버리고 싶어도 떨쳐버리지 못하는 상처에 눌려 있는 것을 알 수 있습니다. 하나님은 우리를 흑암의 권세에서 건져내어 예수 그리스도의 몸인 교회로 인도하여 주셨습니다.

"그가 우리를 흑암의 권세에서 건져내사 그의 사랑의 아들의 나라로 옮기셨으니 그 아들 안에서 우리가 속량 곧 죄사함을 얻었도다"(골 1:13-14).

우리는 예수 그리스도의 은혜로 죄사함받은 새로운 피조물입니다(고후 5:17). 그럼에도 우리 안에는 죄의 성품이 남아 있기 때문에 큐티가 생활화가 되지 않으면 자신도 모르는 사이에 죄가 슬며시

다시 들어오게 됩니다(요일 1:8). 아침마다 거울 앞에서 자신의 모습을 보듯, 날마다 예수 그리스도의 십자가의 은혜를 생각하며 하나님 말씀을 묵상함으로 항상 그리스도와 연합되어 있어야 합니다. 그러면 나의 내면은 물론 지금까지 잘못 살아온 모습들이 적나라하게 비쳐지고 회개가 일어납니다. 자신도 모르는 중에 치유와 회복이 이루어집니다.

이러한 은혜는 처음부터 일어나는 경우도 있겠지만, 큐티를 지속하면서 자신을 내려놓게 됨으로 진정으로 십자가의 은혜를 깨닫게 되며 감사함으로 말씀을 사모하게 됩니다(눅 9:23).

큐티사역을 시작한 지 얼마 되지 않았을 때였습니다.

보다 풍성한 은혜를 사모하는 마음으로 묵상과 영성에 관한 서적을 시간가는 줄 모르고 탐독할 때였습니다. 그런데 남편 사업이 점점 어렵게 되어 좌절감과 불안감으로 마음에 갈등이 일어나며 의기마저 소침하여 믿음이 흔들리고 있었습니다. 열심히 믿음 생활을 하려는데 '우리 가정에 왜 이런 일이?'라는 고민을 하게 되었습니다. 한동안 갈등을 하다가 믿음으로 이겨보려고 의지적으로 말씀을 묵상하며 기도를 드렸습니다. 그러나 말씀에 깊이 들어가지 못하고 수박의 겉만 핥는 묵상을 하고 있었습니다. 기도 역시 사업에 대한 기도만을 했습니다.

그러던 중 즐겨 묵상하던 시편 62편 1-2절의 "나의 영혼이 잠잠히 하나님만 바람이여 나의 구원이 그에게서 나오는도다 오직 그만이 나의 반석이시요 나의 구원이시요 나의 요새시니 내가 크게 흔들리지 아니하리로다'라는 말씀을 묵상하게 되었습니다.

마음에 감동이 일어나며 눈물로 말씀묵상을 하기 시작했습니다. 내 영혼이 하나님만을 잠잠히 바라보지 못하고 고통에 붙들려 어둠 속을 헤매고 있는 것을 느꼈습니다. "왜 좌절하고 있느냐 일어나라" 하시는 하나님의 음성이 들리는 감동을 받았습니다. 시편 62편을 쓴 다윗의 처지를 생각했습니다. 그리고 오히려 남편을 위로하게 되었습니다.

사람은 어느 누구나 예외 없이 살아가는 동안 고통을 당하지 않고는 살 수 없습니다. 다윗은 하나님이 사랑하고 함께하시는 신실한 믿음의 사람이었지만 그의 일생은 파란만장했습니다. 고통을 통하여 하나님께 합당한 자로 성숙되었습니다.

하나님은 그가 벼랑 끝에서 위급할 때면 상상할 수 없는 방법으로 보호하시며 선한 길로 이끌어 주셨습니다. 하나님의 은혜를 수없이 체험한 다윗은 고난을 통해 더욱 하나님을 의지하고 신뢰하는 믿음의 사람이 된 것을 알 수 있습니다. 다윗이 "나의 영혼이 잠잠히 하나님만 바람이여", "나의 영혼아 잠잠히 하나님만 바라라"고 거듭 강조한 것을 보면, 하나님만을 의지하지 않으면 쓰러질 수밖에 없었던 다윗의 간절한 마음을 상상할 수 있었습니다.

다윗이 하나님이 어떤 분인가를 고백하면서 여호와 하나님만을 의지하겠다고 거듭 다짐하고 있는 것을 보면, 감당하기 어려운 위기 속에서 그의 마음이 얼마나 불안하여 요동치고 있는지 알 수 있습니다. 거기서 더욱 하나님의 측량할 수 없는 은혜를 체험한 다윗이었기에 백성들에게 하나님을 의지하고 그 앞에 마음을 토하라고 권면하고 있음을 깨닫게 되었습니다.

물질과 가족의 형통함을 기복하는 마음으로 믿음생활을 하고 있던 나는 이 말씀으로 생각이 바뀌었습니다. 하나님의 연단 없이는 하나님의 백성이 될 수 없으며 하늘의 신령한 복도 받을 수 없다는 것을 깨달았습니다. 하나님은 고난 중에 있던 나에게 그동안 보지 못한 나의 내면을 보게 하셨습니다. 잠잠히 하나님 앞에 무릎 꿇었을 때 부끄러운 나의 모습들이 떠올랐습니다.

'내가 버리지 못하고 있는 것은 무엇인가?'

하나님은 지금까지 무엇을 소망하며 살아왔는가를 감출 수 없이 적나라하게 깨우치고 드러나게 하셨습니다. 남보다 잘났다고 착각했던 자부심, 나의 기준으로 모든 것을 판단했던 마음, 말씀을 붙들고 산다면서도 내 생각과 내 습관대로 살아온 것들, 사람들로부터 칭찬과 인정을 받으려는 마음과 다른 사람보다 앞서가려는 마음 등이었습니다. 이러한 것들이 나를 붙들고 있는 한 내 마음에는 평안이 있을 수 없고 하나님 앞에 떳떳하게, 그리고 담대함으로 나아갈 수도 없다는 것을 깨닫게 되었습니다.

오랫동안 바라보며 기다리시던 하나님이 나를 만지기 시작하셨습니다. "너는 잠잠히 나만 바라보아라! 오직 나만이 너의 반석이고 구원이고 요새이다"라고 하신 말씀이 다정스럽게 들려오는 듯했습니다. 성령님은 내면에 있는 상처와 세상적인 것들을 십자가 앞에 낱낱이 토하게 하셨습니다. 지금까지 가면에 가리워져 볼 수 없었던 나의 참 모습을 보게 하셨습니다.

상상치도 못했던 변화가 일어났습니다.

눈물로 회개하고 평안을 찾은 마음으로 큐티를 할 수 있었습니다. 이상한 것은 자존심이 꺾여 속상하고 부끄러웠을텐데도 오히려 감사한 마음과 시원한 마음을 느낄 수 있었습니다. 지금까지 세상과 하나님 사이에서 방황하며 비우지도 못하고 채우지도 못하고 살아온 것을 회개했습니다. 세상적인 욕망이 나를 끈질기게 붙잡고 있는 것을 알게 되었습니다.

"내가 입을 열지 아니할 때에 종일 신음하므로 내 뼈가 쇠하였도다" (시 32:3)는 말씀처럼 세상적인 욕망을 버리지 않고는 영이 정결할 수도 평안할 수도 성숙할 수도 없다는 것을 깨달았습니다. 큐티가 내면에 쌓인 상처들을 드러내며 영을 새롭게 회복하는 길임을 다시 느낄 수 있었습니다. 마음에 낀 때가 씻겨지면서 마음의 거울이 맑게 되어 하나님 말씀이 점점 선명하게 다가오는 것을 느끼게 되었습니다.

예수 그리스도의 은혜로 믿는 자에게는 항상 하늘 문은 열려있습니다. 큐티를 지속하면 베드로의 고백(마 16:16)이나 바울의 고백 (갈 2:20)이 나의 고백이 됩니다. 예배와 기도가 달라지며 치유는 물론 상황은 바뀌지 않았을지라도 영적 회복을 체험하게 되며, 때가 이르면 하나님은 가장 선하신 방법으로 상황까지 회복시켜 주시리라고 믿게 됩니다.

3) 인간의 타락

사람이 타락하게 된 과정
(창세기 3장 1-13절 말씀 묵상)

① 말씀 요약

하나님이 지으신 들짐승 중에서 뱀이 가장 간교합니다. 뱀은 아담이 지극히 사랑하는 여자를 유혹합니다. 여자는 하나님이 "먹지 말라"하신 말씀을 자기를 사랑하는 아담으로부터 간접적으로 들었기 때문에 어쩌면 하나님 말씀에 대한 믿음과 의무감을 절실하게 실감하지 못한 것 같습니다. 즉 하나님이 "선악을 알게 하는 나무의 실과는 먹지 말라 네가 먹는 날에는 정녕 죽으리라"고 아담에게 하신 말씀을 아담으로부터 들은 여자는, 그 나무를 본즉 뱀의 말과 같이 먹음직도 하고 보암직도 하고 지혜롭게 할 만큼 탐스러운 안목에 끌려 "결코 죽지 않는다"는 뱀의 거짓말을 믿고 그 실과를 따먹어보니 감미로운 맛을 느끼고 자기가 사모하는 아담에게도 주어 먹게 하였습니다.

그로 인하여 그들의 눈이 밝아져 자기들이 벌거벗은 모습이 부끄러운 것을 깨닫고 무화과나무잎으로 치마를 만들어 입었습니다. "먹지 말라 한 실과를 먹었느냐?"라고 하나님이 아담에게 물으실 때 아담은 "하나님이 주셔서 나와 함께 있게 하신 여자가 그 나무 열매를 내게 주므로 먹었나이다"라고 하며 돕는 배필을 만들어 주신 하나님의 호의에 자기의 잘못한 책임을 전가합니다. 다시 여자에게 물으시자 여자는 "하나님이 창조하신 뱀이 꾀어 먹었습니다"라고 책임을 회피합니다.

② 말씀 묵상

들짐승 중에서 제일 간교한 뱀은 하나님의 말씀을 직접 듣지 못한 아담의 총애를 받는 여자를 유혹의 대상으로 택했습니다. 여자에게 포괄적이고도 애매모호한 "참으로"와 "모든 나무의 열매"라는 말로 유혹하기 시작합니다. 여자는 죽음이 어떤 것인지를 심각하게 깨닫지 못하고 하나님의 경고를 가볍게 생각한 듯 연이어 뱀의 유도심문에 "동산 중앙에 있는 나무의 열매"라고 막연한 말로 대답하면서 "만지지도 말라"는 말까지 더하고 있는 것을 볼 수 있습니다.

뱀은 성의 없이 대답하는 여자의 태도와 하나님의 경고 말씀을 대수롭지 않게 생각하는 태도를 알아차리고 다시 여자에게 "너희가 결코 죽지 않는다"는 가장 핵심적인 거짓을 말합니다. 그리고 여자의 욕망을 자극합니다. 너희는 눈이 밝아져 하나님과 같이 되어 선악을 알 수 있고, 하나님과 동등하게 된다는 매혹적인 말로 욕망을 자극하며 유혹합니다.

결국 6절에서 여자는 그 나무를 보며 "먹음직도 하고 보암직도 하고 지혜롭게 할 만큼 탐스럽기도 한 나무인지라"고 느꼈습니다. 그로 인해 그 나무에 대한 안목의 욕심이 발동하기 시작합니다. 이것이 바로 견물생심(見物生心)의 대표적인 예이며, 결국 여자는 안목의 욕심 때문에 감언이설에 현혹되어 선악과를 따먹었습니다. 죄의 맛은 한 번 느끼면 영원히 잊을 수 없는 참으로 매혹적인 것입니다(창

3:1-6). 이것이 하나님의 사랑 안에 살고 있는 사람을 하나님과 관계를 끊게 하고 타락으로 이끌어간 사탄의 계략입니다.

이로 인하여 사람에게는 중대한 사건이 발생했습니다.

첫째는, 죽음입니다.

둘째는, 선악을 알게 된 것입니다(창 3:7).

셋째는, 영생할까 봐 생명나무로 가는 길을 막은 것입니다.

넷째는, 고통 중에 살게 된 것입니다.

다섯째는, 하나님의 영이 떠난 사건입니다(창 6:3).

여기에서 우리가 꼭 유념해야 할 사항이 있습니다. 사탄은 하나님 말씀을 직접 듣지 못한 여자를 택했다는 사실입니다. 그러므로 '알지 못하는 것에 대해서는 함부로 말하지 말라'는 경고의 메시지까지도 내포하고 있습니다.

하나님은 사랑이시지만 진리이시며 공의로우신 분이기에 사람이 범죄하면 하나님이 두려워 어두운 곳으로 숨으려고 합니다.

하나님은 직접 말씀하신 아담에게 물으십니다. 아담은 불순종한 죄에 대하여 하나님께 회개하거나 용서를 구하지 않고, 오히려 사랑을 베푸셨던 하나님과 사랑스런 여자에게 책임을 전가합니다. 너무나도 이기적인 모습을 볼 수 있습니다. 하나님은 다시 여자에게 묻습니다. 이에 여자는 "뱀이 꾀므로 먹었습니다"라고 뱀에게 책임을 전가합니다. 그들은 무엇이 죄인지를 몰랐을까요? 아니면 선악과를 따먹고 눈이 밝아졌기 때문에 변명하는 지혜가 생긴 것일까요? 나는 이들의 변명하는 모습을 생각하며 나의 내면을 들여다보게 되었고, 얼굴이 붉어지는 것을 느꼈습니다.

③ 묵상을 위한 질문

하나님은 사람을 만드신 후 "보시기에 심히 좋았다"라고 하셨습니다. 그리고 복을 주시며 생육하고 번성하여 땅에 충만하고 땅을 정복하고 모든 생물을 다스리라고 하셨습니다. 또한 혼자 사는 것이 좋지 않아 돕는 배필까지 만들어 주셨습니다. 그런데도 아담과 하와는 무엇이 부족하였기에 하나님이 먹지 말라고 당부하신 선악과를 따먹었을까요?

하나님은 사람이 말씀을 거역하고 오히려 뱀의 유혹을 따르는 모습을 보시고 실망하신 후 공의로 다스리십니다. 이를 통해 하나님의 사랑은 진리 안에서 공의로우신 사랑인 것을 깨달을 수 있습니다.

사탄은 하나님의 절대적인 사랑을 받고 있는 사람을 시기하여 하나님과의 관계를 끊고 자신의 종으로 만들기 위하여 유혹하였습니다. 이와 같은 유혹은 우리의 현실에서도 비일비재하게 일어나고 있는 현상입니다. 사탄은 가장 효과적으로 유혹하기 위하여 아담이 지극히 사랑하고 있는 여자를 대상으로 택했습니다. 이처럼 악의 세력은 항상 우리가 가장 소중히 여기는 것을 대상으로 한다는 것을 알 수 있습니다.

사탄(뱀)은 하나님으로부터 말씀을 직접 듣지 못하고 확실히 알지 못하는 여자를 택합니다. 그리고 하나님과 동등하게 된다는 감언이설을 말하며 마지막으로 가장 핵심적인 죽음에 대하여 '죽지 않는다'고 결정적인 거짓말로 유혹합니다.

이것이 악의 세력들이 우리를 유혹하는 단계적인 수법이라고 하겠습니다. 아담이 여자를 처음 보는 순간 말한 것처럼, 사람이면 어느 누구든지 이성보다 현실의 안목의 욕망에 끌린다는 것을 알 수 있습니다. 그러나 그 뒤에는 "반드시 죽으리라"고 하신 하나님의 경고(법)의 결과가 있다는 것을 잊어서는 안 되는 것을 알면서도 유혹을 물리칠 수 없는 것이 우리의 마음이라 하겠습니다.

④적용

세상에는 하와와 같이 견물생심(見物生心)의 욕심 때문에 패가망신하는 경우가 허다합니다. 판단을 흐리게 하는 술이나 마약, 그리고 성적 유혹이나 부정한 물질의 유혹을 당하면 정말로 뿌리치기가 어려운 것이 우리 마음입니다.

야고보서 1장 14-15절에는 "오직 각 사람이 시험을 받는 것은 자기 욕심에 끌려 미혹됨이니 욕심이 잉태한즉 죄를 낳고 죄가 장성한즉 사망을 낳느니라"고 욕심의 결과에 대하여 명료하게 말씀하고 있습니다.

이런 경우 영의 눈으로 보디발 아내의 유혹을 물리친 요셉을 생각해 봅니다. 예수님께서 40일 금식 후 사탄에게 시험당하신 것을 생각해 봅니다. 내 몸이 성전인 것과 믿음 안에 있는 영생의 소망을 바라봅니다.

믿음으로 결단하지 않으면, 이번만, '마지막으로'라는 단서를 달면서 사탄의 유혹에 빠져들게 됩니다. 그러므로 성령님께 단호하게 끊을 수 있는 마음을 달라고 간구해야 합니다.

⑤ 기도

'모든 일의 결정에 욕심과 사람을 의식하기보다 먼저 하나님을 바라보게 하옵소서. 소망을 바라보며 살게 하옵소서. 정직한 영으로 판단을 흐리지 않게 하옵소서. 나는 너무나 연약합니다. 신실하게 살 수 있도록 성령님 붙들어 주옵소서. 예수님 이름으로 기도드립니다.'

⑥ 우리의 마음

"누가 주의 마음을 알아서 주를 가르치겠느냐 그러나 우리가 그리스도의 마음을 가졌느니라"(고전 2:16).

나는 우리의 마음의 변천 과정을 알고자 창세기 1장부터 3장까지를 읽고 관찰했습니다.

하나님이 천지를 창조하신 뜻은 하나님의 형상에 따라 마지막으로 지으신 사람이 아름다운 자연에서 행복하게 사는 모습을 보며 즐기고자 하신 뜻이라고 생각합니다. 그러므로 하나님은 첫날부터 다섯째 날까지 사람이 살기 위하여 "보시기에 좋았더라" 하실 만큼 가장 아름답고 만족스럽게 천지를 창조하셨습니다. 뿐만 아니라 에덴의 동쪽에 아담과 하와를 위하여 특별히 아름다운 동산까지 만들어 주셨습니다.

아담이 돕는 배필로 하나님이 만들어주신 여자를 보는 순간 "이는 내 뼈 중의 뼈요 살 중의 살이라"(창 2:23)라고 말한 것을 보면, 사람은 이미 부족함이 없는 환경에서 태어났기 때문에 하나님의 사랑과 은혜에 대한 감사를 생각조차 못했으리라 생각됩니다. 그런데 아담과 하와는 하나님과 같게 된다는 뱀의 유혹으로 본분을 망각한 욕망이 발동하여 범죄하는 것을 알 수 있습니다.

하나님은 사람을 에덴에서 쫓아내고 영생의 생명나무로 가는 길을 막으셨습니다. 고통 속에 살면서 자기 자신을 성찰하며 하나님의 사랑과 능력을 깨닫고 경외하며 살게 하셨습니다. 그러나 사랑의 하나님은 사람에 대한 사랑을 끊을 수 없으셨기에 사람에게 소망을 주셨습니다. 하나님의 존재를 깨닫게 하시며 생사화복이 어디에서 오는지, 무엇이 죄인지, 그리고 어떻게 사는 것이 하나님이 원하시는 삶인지를 깨닫고 회개하며 하나님 품으로 돌아오도록 사람이 지켜야 할 규례와 언약의 말씀을 주셨습니다.

하나님은 사랑이십니다.
사람들이 아름다운 것만을 생각하고 추구하며 아름다움의 근원인 사랑 안에서 상생하기를 원하십니다. 하나님은 우리가 죄와 악에서 멀리 떠나기를 원하셨습니다. 이에 아브라함에게 죄로 물든 세상을 떠나 하나님이 인도하시는 땅에서 하나님만을 경외하며 구별된 삶을 살기 원하셨습니다.
죄로 인하여 하나님의 영이 떠난 사람(창 6:3)은 하나님이 주신 율법을 통하여 무엇이 죄인가를 깨닫게 되었습니다. 사람들은 율법과 양심의 거울로 자신의 생각과 행동을 비추며 선과 악을 구별하게 되었습니다. 사람에게는 육의 조상으로부터 유전되어오는 세상적인 성향(性向)과, 하나님이 흙으로 만들어 사람의 코에 생기를 불어넣어 생령의 사람이 될 때 받은 인자하고 성실하며 의롭고 공평한 하나님의 성향이 양존하고 있다는 것을 알게 되었습니다.

아담과 하와가 범죄한 후 육신의 정욕과 안목의 정욕과 이생의 자랑의 세상적인 성향은, 하나님 말씀과 양심에 따라 생각과 언행을 절제하려는 하나님의 성향보다 더욱 강력한 영향력을 지니고 있습니다. 이를 육적 성향이라고 합니다. 이러한 마음의 흐름을 '성향'이라고 합니다.

사람은 육적인 성향(탐심) 때문에 거짓말(만지지도 말라)도 하고 사탄의 유혹에 쉽게 넘어갑니다. 아담과 하와는 선악을 알게 된 후 벌거벗은 자신의 모습에 부끄러움을 깨닫고 죄책감과 두려움과 수치심과 열등감을 숨기려고 무화과나무잎으로 하체를 가리고 하나님의 낯(의)을 피하여 동산 나무 뒤에 숨었습니다(창 3:7). 그럼에도 변함없으신 사랑으로 그들을 보살펴 주시려고 "네가 어디 있느냐?"라고 찾으시는 하나님에게 아담은 "내가 벗었음으로 두려워서 숨었습니다"라고 죄인된 두려운 마음을 고백합니다.

이때부터 사람들이 죄를 지으면 죄책감과 두려운 마음으로 빛과 진리를 피하고 어둠을 좋아하는 성향을 갖게 되었으며(창3:8), 경건한 성품까지도 경우에 따라 세상적인 경향으로 자연스럽게 변하게 됩니다.

사도 바울이 "그러나 그때에 육체를 따라 난 자가 성령을 따라 난 자를 박해한 것같이 이제도 그러하도다"(갈 4:29)라고 말한 것이나 16세기 영국의 경제학자 토마스 그레샴(Thomas Gresham)이 "악화는 양화를 구축한다"라고 말한 법칙과 같이 육적인 성향(악)은 갈수록 흥하고 선량한 하나님의 성향은 빛을 보지 못하고 있는 것이 현실임을 누구도 부정할 수 없을 것입니다.

이러한 우리의 육적인 성향과 유동적인 성향을 경건한 성향으로 이끌어가는 데는 많은 훈련과 인내와 노력이 필요합니다.

이러한 영성 훈련 중 하나가 곧 큐티입니다. 사도 바울은 로마서 7장 21-25절에서 "오호라 나는 곤고한 사람이로다 이 사망의 몸에서 누가 나를 건져내랴 우리 주 예수 그리스도로 말미암아 하나님께 감사하리로다 그런즉 내 자신이 마음으로는 하나님의 법을 육신으로는 죄의 법을 섬기노라"고 사도 바울은 자신의 마음을 진솔하게 고백하고 있습니다.

이처럼 우리의 마음속에서는 세상적인 욕망을 추구하려는 성향과 하나님의 성품을 따르려는 경건한 성향이 끊임없이 서로 갈등하고 있습니다.

사람들은 하나님의 성향 쪽으로 좀 더 기울어져 있는 사람을 '경건한 사람' 육신적인 성향으로 좀 더 기울어져 있는 사람을 '경건치 않은 사람'이라고 합니다.

야고보는 "오직 각 사람이 시험을 받는 것은 자기 욕심에 끌려 미혹됨이니 욕심이 잉태한즉 죄를 낳고 죄가 장성한즉 사망을 낳느니라"(약 1:14-15)라고 욕심의 결과에 대하여 말하고 있습니다.

요한일서 2장 15-17절에서는 "이 세상이나 세상에 있는 것들을 사랑하지 말라 누구든지 세상을 사랑하면 아버지의 사랑이 그 안에 있지 아니하니 이는 세상에 있는 모든 것이 육신의 정욕과 안목의 정욕과 이생의 자랑이니 다 아버지께로부터 온 것이 아니요 세상으로부터 온 것이라 이 세상도, 그 정욕도 지나가되 오직 하나님의 뜻을 행하는 자는 영원히 거하느니라"고 하나님의 뜻을 따라 행하는 자만이 영원히 살게 될 것이라고 말씀하고 있습니다.

위에서 본 바와 같이, 만일 우리가 진리를 떠나지 않고 욕심을 버릴 수만 있다면, 이 세상은 고통스러운 곳이 아니고 아름답고 행복한 에덴 동산이라고 할 수 있습니다.

이처럼 육적인 성향은 우리가 몸부림을 친다 해도 해결할 수 없습니다. 성령님 안에서 하나님 말씀을 꾸준히 묵상함으로 믿음이 자라게 되고 세상을 이길 힘을 갖게 됩니다. 순종하는 노력을 하지 않으면 나도 모르는 사이에 육적인 성향으로 흐르게 됩니다.

4) 하나님의 은혜

내가 큐티 나눔방을 인도하면서 아쉬웠던 점은 많은 성도님들이 자신의 정체성과 성경의 흐름이 체계적이지 못하다는 사실이었습니다. 이런 관점에서 나는 큐티의 방법을 말씀드리기 전에 우리의 믿음을 예수 그리스도의 복음 중심으로 점검할 필요가 있다는 생각이 들었습니다.

우리 부부가 그동안 체험하고 묵상한 하나님의 은혜를 잠시 나누려고 합니다.

어느 날 남편은 감기약의 부작용으로 인한 고통을 겪으면서 이론적이었던 신앙이 복음 중심의 체험적인 신앙으로 바뀌었습니다.

꿈속에서 이론적인 믿음 뒤에 숨어 있던 교만의 사탄을 발견하고 성령의 검으로 쫓아냈다고 합니다. 자기 스스로가 우상화된 것이 교만임을 깨달았으며, 하나님이 자기와 동등한 존재로 창조하신 이웃을 사랑하지 않는 것도 교만인 것을 깨달았습니다. 그리고 이웃을 자신과 같이 사랑하는 것이 상생하는 하나님의 뜻인 것을 깨닫게 되었습니다.

창세기 1장에서 하나님이 천지를 창조하신 후 "하나님이 지으신 그 모든 것을 보시니 보시기에 심히 좋았더라"(창1: 31)고 만족하시고 기뻐하시는 장면을 묵상하였습니다. 당신의 형상대로 창조하신 사람들이 아름다운 천지 만물을 다스리며 풍요롭고 아름답게 사는 모습을 즐기시기 위하여, 모든 피조물을 창조하신 하나님의 사랑을 알게 되었습니다. 그리고 영원히 아름다울 수 있는 상생의 섭리를 깨달았습니다. 생명은 끊임없이 역동하는 신진대사의 원리입니다. 하나님이 지으신 천지만물은 끊임없이 신진대사의 활동을 해야 영원한 생명을 가질 수 있습니다.

우리의 육체도 천지 안에서 호흡하며 양식을 먹고 노폐물을 원활하게 내보내야 건강한 생명을 지킬 수 있습니다. 마찬가지로 우리의 육체를 지배하는 영도 매일 짓고 있는 죄를 자백하고 새로운 말씀을 받아야 진리 안에서 자유롭고 육신도 건강하게 됩니다. 이러한 삶이 바로 "네 영혼이 잘됨같이 네가 범사에 잘되고 강건하기를 내가 간구하노라"(요일 1:2)고 하신 말씀이 내 안에 성취될 수 있다는 확신을 하게 되었습니다.

"창조의 은혜"

창세기 1장 1절에 "태초에 하나님이 천지를 창조하시니라", 2절에 "땅이 혼돈하고 공허하며 흑암이 깊음 위에 있고 하나님의 영은 수면 위에 운행하시니라", 3절에 "하나님이 이르시되 빛이 있으라 하시니 빛이 있었고" 4절에 "빛이 하나님이 보시기에 좋았더라" 말씀을 묵상 했습니다.

하나님이 천지를 말씀으로 창조하실 때 '하나님의 영(성령)은 수면 위를 운행하고 계시다'는 말씀에서 나는 천지창조를 하신 분이 하나님의 말씀을 통하여 하나님의 영이 함께 창조하신 것을 알 수 있었습니다.

요한복음 1장 1절의 "태초에 말씀이 계시니라 이 말씀이 하나님과 함께 계셨으니 이 말씀은 곧 하나님이시니라"고 하신 말씀과, 1장 14절에 "말씀이 육신이 되어 우리 가운데 거하시매 우리가 그 영광을 보니 아버지의 독생자의 영광이요 은혜와 진리가 충만하더라"는 말씀에서 예수님은 태초부터 하나님과 함께 계신 성자 하나님임을 알 수 있었습니다. 그리고 성부와 성자와 성령님은 모든 생각과 능력과 성품이 같으신 것을 알았고 삼위일체이신 것을 믿게 되었습니다.

하나님은 천지창조의 마지막 날에 흙으로 하나님의 형상대로 사람을 지으시고 생기를 그 코에 불어넣으셔서(생령) 사람을 지으신 후(창 2:7) "지으신 그 모든 것을 보시니 보시기에 심히 좋았더라"(창 1:31)고 하셨습니다.

천지창조 과정 중에서 하나님의 성품을 묵상해 보았습니다.

- 시간과 공간을 초월하시는 영입니다.
- 전능하신 분입니다.
- 천지를 창조하신 분이므로 모든 것을 완전하게 알고 계십니다.
- 태초부터 영존하시는 분입니다.
- 천지를 주관하시는 분입니다.
- 창조의 아름다움, 진리를 사랑하시는 공의로운 분입니다.
- 사랑과 정성으로 천지를 섬세하게 창조한 사랑이십니다.
- 인내하며 뜻을 행하시는 분입니다.
- 사람에게 당신의 생기를 불어넣으신 분이기에 사람과 같은 인성과 인격도 있으십니다.

어느 날 십계명을 묵상할 때였습니다. "그것들에게 절하지 말며 그것들을 섬기지 말라 나 네 하나님 여호와는 질투하는 하나님인즉 나를 미워하는 자의 죄를 갚되 아버지로부터 아들에게로 삼사 대까지 이르게 하려니와 나를 사랑하고 내 계명을 지키는 자에게는 천 대까지 은혜를 베푸느니라"(출 20:5-6)라는 말씀에서 특별히 "나 네 하나님 여호와는 질투하는 하나님"을 묵상했습니다.

우리가 오직 우리를 지으시고 아름다움으로 인도하시는 하나님을 경외하며 믿고 의지하는 것이, 우리가 두 번 다시 실족하지 않고 진리 안에서 아름답게 살아갈 수 있는 길임을 명심하라는 경고의 말씀으로 받게 되었습니다.

하나님의 창조질서를 벗어나는 것은 곧 범죄행위입니다. 창조질서는 천지만물을 아름답게 유지하는 생명이며 진리입니다. 무질서는 진리를 파괴하는 보기에도 흉한 범죄라고 할 수 있습니다.

끝으로 하나님은 공의로우신 분이라는 것입니다(신 32장). 많은 사람들이 하나님을 믿으나 눈으로 볼 수 없는 영이시며 또한 성경은 성령의 감동으로 쓰여졌기 때문에, 성령님의 도움 없이는 말씀의 참 뜻을 깨달을 수 없기 때문에 믿음이 피상적일 수 있습니다.

우리는 피조물 중에 으뜸이며 하나님의 사랑을 가장 많이 받는 존재입니다. 그럼에도 이기적인 욕망으로 하나님 말씀에 불순종하는 죄를 지었기 때문에 땅까지 저주받아 수고하여도 소출이 적게 되었습니다. 날이 갈수록 범죄가 만연하여 하나님의 영이 사람에게서 떠났습니다(창 6:3).

이러한 환경에서 사람들은 천재지변이나 질병 등 불가항력의 고통을 당하는 두려움에서 보이지 않는 하나님을 믿지 못하고 눈에 보이는 일월성신이나 명산대천을 숭배하거나 짐승이나 신의 형상을 만들어 복을 비는 풍조가 생겼다고 생각합니다.

그러나 그것들은 우리가 정복하고 다스려야 할 피조물이거나 우리를 파멸로 이끌어가는 사탄입니다. 이런 행위는 상식적으로도 이해할 수 없는 우리 자신의 지위와 권위를 스스로 포기하는 무지한 생각과 행동이라 하겠습니다. 우리가 천지만물의 주권자이신 하나님을 경외하고 순종하는 것이 곧 하나님의 기쁨이 되는 삶이며 하나님의 뜻이기도 합니다.

많은 사람들은 자기중심으로 자신을 바라보는 경향이 있습니다. 학벌이나 지위가 높던지 재물이 풍족해지면 자신이 남보다 잘 나아 보이며 그로 인해 교만해지기 쉽습니다. 이 교만은 자기 자신이 우상화된 하나님이 가장 싫어하시는 모습입니다.

"하나님이 동행하시는 요셉"
(창세기 37장 12-24절 말씀 묵상)

창조주 하나님이 함께하시는 요셉을 묵상해 보았습니다.

① 말씀 요약

요셉은 세겜으로 간 형들과 양 떼들이 잘 있는지 보고 오라는 아버지의 말씀을 따릅니다. 그러나 형들이 도단으로 갔다는 말에 다시 도단으로 갑니다. 형들은 멀리서 오고 있는 요셉을 보고 "꿈꾸는 자가 온다" 하며 죽일 것을 꾀합니다. 그러나 르우벤이 "생명만은 해치지 말자" 하여 채색 옷만을 벗기고 마른 구덩이에 던집니다.

② 나에게 주신 말씀

요셉이 형들에게 이르매 그의 형들이 요셉의 옷 곧 그가 입은 채색 옷을 벗기고 그를 잡아 구덩이에 던지니 그 구덩이는 빈 것이라 그 속에 물이 없었더라

③ 말씀 묵상

본문을 관찰하면서 내 마음에 채색 옷과 빈 구덩이가 강하게 떠올랐습니다. 열두 형제 중 이스라엘은 라헬에게서 난 요셉을 특별히 사랑하여 채색 옷까지 입혀주었습니다. 사랑하는 라헬이 베냐민

을 낳다가 죽었기 때문에 어미 잃은 아들이라 더욱 사랑했나 봅니다. 어머니가 다른 형들은 요셉으로부터 두 번의 꿈 이야기를 듣고 난 후 요셉을 더욱 미워하고 죽이기를 꾀합니다.

본문을 통하여, 겉으로 볼 수 없는 시기와 질투가 얼마나 무서운 결과를 가져오는지를 깨닫게 되었습니다. 요셉이 자기들을 찾아오는 것을 멀리서 본 형들은 다 같이 죽이기로 논의하고 있으나, 하나님은 르우벤의 마음을 움직여 그를 죽이지 않고 다만 채색 옷을 벗기어 마른 구덩이에 넣게 하십니다. 아마도 형들은 구덩이가 깊기 때문에 요셉이 나올 수가 없어 죽을 것이라고 생각하였나 봅니다. 그러나 하나님은 채색 옷이 벗겨지고 마른 구덩이에 던져진 요셉과 함께하셨습니다. 하나님은 먼저 르우벤의 마음을 움직이셨습니다(21-22절). 형들이 요셉을 던진 구덩이는 마른 구덩이였습니다.

크게 나누어 볼 때 하나님은 요셉에게 채색 옷과 마른 구덩이로 역사하셨습니다.

아버지가 사랑하여 입혀준 채색 옷이 형들에 의해 벗겨지는 것을 묵상할 때, 나는 로마 군병들이 예수님의 홍포를 벗기는 순간 하나님이 우리 눈에 보이지 않는 사랑의 옷을 입혀주시는 장면이 떠올랐습니다. 하나님이 주신 두 번의 꿈이 현실로 이루어져 가고, 고난을 통하여 언약이 성취되어 가는 드라마와 같은 요셉의 삶을 보면서 하나님의 섭리에 감탄했습니다.

요셉의 삶은 아무것도 할 수 없는 절망적인 상황 속에서 하나님의 인도하심으로 퍼즐이 맞추어지듯 한 단씩 생명의 길로 나아가고 있음을 것을 볼 수 있습니다.

요셉의 몸에서 세상의 채색 옷이 벗겨질 때 하나님의 옷이 입혀졌으며, 어느 누구의 도움도 받을 수 없는 구덩이에 빠질 때 특별히 마른 구덩이를 예비하셨습니다.

이 말씀을 묵상하면서 나는 자신에게 몇 가지 질문을 던져보았습니다.

- 요셉은 죽을 수밖에 없는 구덩이 속에서 어떤 생각을 하였을까?
- 어떤 상황일지라도 잠잠히 하나님만 바라볼 수 있는가?
- 나를 구덩이에 넣었던 사람을 용서할 수 있을까?
- 아무도 도와줄 사람이 없는 구덩이에 빠져 있을 때 나는 제일 먼저 누구를 찾게 될까?

요셉은 자기를 구덩이에 넣은 형들을 생각하며, 한편으로는 자신의 절망적인 상황을 돌아보며 두려움과 외로움 속에 얼마나 암담하고 착잡한 심정이었을까? 특히 돌아오지 않는 자기를 기다리시는 아버지를 생각하며 마음이 얼마나 안타까웠을까? 요셉이 처해 있는 상황을 묵상하면서 우리가 평탄하게 살 때에는 하나님의 은혜를 잊고 살 때가 많지만, 우리가 종종 환난의 막다른 길목에서 모든 것을 포기하고 하나님만 바라볼 때, 하나님은 전화위복의 길로 인도하시는 것을 깨달을 수 있습니다.

살아간다는 것은 결코 쉬운 일이 아닙니다. 꿈이 이루어지기까지 겪어야 하는 연단이 너무나도 힘들어 모든 것을 포기하고 싶을 때도 있었을 것입니다. 그러나 꿈이 이루어지기까지는 나의 모든 것을 내려놓고 믿음과 소망 안에서 하나님을 전적으로 의지하며 인내하는 기다림이 있어야 합니다. 우리 모두는 힘든 과정을 거칠 때마다 하나님이 전능하신 팔로 붙들고 계시다는 것을 종종 느낄 수 있었을 것입니다.

나의 삶이 아무리 힘든 상황일지라도 그 순간에도 하나님이 함께하신다는 사실을 믿고 전심으로 의지해야 합니다. 비록 요셉처럼 세상의 채색 옷이 벗겨지고 죽을 수밖에 없는 구덩이에 빠진 상황일지라도 약속의 하나님만을 믿고 견디어야 합니다. 하나님은 믿음으로 고난을 인내하는 사람에게는 그 고난을 오히려 큰복으로 바꾸어 주신다는 확실한 소망 안에서 살아갈 것을 다시 결단해 보았습니다. 또 세상의 모든 일들이 하나님의 섭리 안에서 일어나고 있다는 것을 새삼 깨닫게 되었습니다.

"하나님은 사랑이시라"
(누가복음 15장 11-24절 말씀 묵상)

누가복음 15장 11-24절의 말씀에 나타난 하나님의 마음을 묵상해 보았습니다.

하나님 아버지의 사랑을 묵상하면서 아직도 잊혀지지 않는 아름다운 사랑의 이야기가 생각났습니다.

타오르는 불길 속에서 온몸에 화상을 입으며 어린 아들을 품에 감싸안고 나온 어머니의 사랑, 그리고 영국의 웰스 지방의 어느 추운 겨울날 청빈한 선생님이었던 남편을 갑자기 여의고 어린 아들의 장래를 위하여 산 넘어 도시로 가는 길에서, 갑자기 눈보라를 만나 길을 잃고 추위 속에서 헤매이다가 자신의 옷을 벗어 아들을 감싸 안고 죽은 어머니의 사랑 이야기는, 하나님이 주신 참 사랑이며 지금까지도 많은 사람들의 가슴속에 아프고도 아름다운 이야기로 남아 있습니다.

본문 말씀을 살펴보면 어떤 사람에게 두 아들이 있었는데, 그 중 둘째 아들이 아버지의 재산 중에서 자기 유산을 미리 달라고 하여 그 재산을 모두 가지고 먼 나라로 가서 허랑 방탕하여 모든 재산을 탕진했습니다. 마침 그 나라에 흉년마저 들어 둘째 아들은 먹을 것조차 없이 궁핍하게 되어, 그 나라 백성 중 한 사람에게 붙어 살게 되었습니다. 그 사람이 둘째 아들을 들로 보내어 돼지를 치게 했는데, 저가 돼지가 먹는 쥐엄열매로 배를 채우려 해도 주는 사람이 없어 굶어 죽을 지경에까지 이르렀습니다.

그때서야 비로소 그는 양식이 풍족한 아버지 집을 생각하면서 스스로 돌이켜 말하기를 "아버지 내가 하늘과 아버지께 죄를 지었사오니 지금부터는 아버지의 아들이라 일컬음을 감당하지 못하겠나이다 나를 품꾼의 하나로 보소서 하리라"(눅 15:18-19) 하고 일어나서 아버지께로 돌아갑니다.

아버지 집까지는 아직도 거리가 먼데, 아버지가 집으로 돌아오는 아들의 모습을 보고 측은히 여겨 달려가 목을 안고 입을 맞춥니다. 그리고 종들에게 이르기를 제일 좋은 옷을 내어다가 입히고 손에 가락지를 끼우고 발에 신을 신기라고 합니다. 또 "이 내 아들은 죽었다가 다시 살아났으며 내가 잃었다가 다시 얻은 아들이다"라고 하며 살찐 송아지를 잡아 잔치를 베풀며 함께 즐거워했습니다.

① 말씀 묵상

오늘의 말씀은 돌아온 탕자의 비유로 널리 알려진 말씀입니다. 먼저 본문을 몇 단락으로 나누어 관찰하고 묵상했습니다.

● 11-12절 / 어떤 아버지에게 두 아들이 있는데, 첫째 아들보다 둘째 아들이 먼저 등장하는 것을 볼 수 있습니다.

둘째 아들은 풍요로운 아버지 집에서 어쩌면 형보다는 부담감 없이 편안하고 순탄한 삶을 살고 있었을 것입니다. 그런데도 풍요로운 생활 속에서 아버지에 대한 감사를 모르고 오히려 이러한 단조로운 삶에 싫증을 느끼고 있었는지 누구도 말릴 수 없는 생각을 하고 있었습니다. 둘째 아들은 아버지 집을 떠나 다른 나라에 가서 마음껏 세상적인 향락을 누리고 싶은 생각이었습니다. 마치 새장에 갇혔던 새처럼 세상으로 훨훨 날아가고 싶은 생각이었습니다.

대개의 경우 유산은 아버지가 주실 때나 돌아가신 후에 받을 수 있는 것인데, 무례하게도 둘째 아들은 아버지에게 자기 분깃을 미리 달라고 합니다. 그런데도 아버지는 아무 말도 하지 않고 둘째 아들의 요구대로 유산을 나누어 주었습니다.

● 13-15절 / 아버지로부터 분깃을 받은 둘째 아들은 화려해 보이는 세상적인 희망에 부풀어 먼 나라로 떠나 허랑방탕한 삶으로 분깃을 모두 탕진합니다. 그런데 설상가상으로 그 나라에 큰 흉년마저 들어 굶어 죽을 형편까지 되었습니다. 그가 아버지 집에서 살 때에는 상상조차 할 수 없었던 처참한 고난을 겪게 되었습니다. 그

는 풍족한 재물을 가지고 먼 나라로 가서 세상의 낙을 즐기며 살면 행복하리라고 생각하였으나, 하루하루 허랑방탕한 삶으로 모든 재물을 탕진하였습니다. 설상가상으로 그 나라에 흉년까지 들어 혼자서는 도저히 살아갈 수 없게 되었습니다. 궁여지책으로 그는 다른 사람의 돼지를 치며 들판에서 쥐엄 열매로 배를 채우려고 하였으나 그것조차도 주는 사람이 없어 굶어 죽을 지경에 이르렀습니다.

●17-19절 / 그는 "이에 스스로 돌이켜", "내 아버지에게는 양식이 풍족한 품꾼이 얼마나 많은가", "나는 여기서 주려 죽는구나"라는 생각이 들었습니다. 자기가 동경했던 것들이 허황된 생각이었음을 회개하고 품꾼과 같이 완전히 낮아진 마음이 되어 아버지 집으로 돌아갈 것을 결심합니다.

나는 잠시 "스스로 돌이켜 이르되"(눅 5:17)라는 말씀을 묵상할 때 드디어 하나님께서 하시고자 하시는 일들이 본격적으로 시작된 것을 깨달을 수 있었습니다. 어느 누구도 할 수 없는 그의 마음이 움직이며 생각이 바뀌어가고 있습니다. 하나님은 그가 막다른 절벽에 이르렀을 때, 비로소 진흙과 같이 자아가 부서지고 낮아진 그를 만지시기 시작하셨습니다. 그는 육신의 정욕과 안목의 정욕과 이생의 자랑 안에서 모든 행복을 누릴 수 있다는 생각으로부터, 스스로 새로운 피조물의 신분으로 변화되기 시작했습니다. 여기에서 중요한 것은 그로부터 생각이 바뀌어졌다는 것입니다.

●20절 / 허황된 꿈에서 깨어난 그는 아버지의 은혜를 깨닫고

새 생명의 삶을 결단하면서 "이에 일어나서"(20절) 스스로 회개하고 결단하였기에 아버지 집으로 돌아옵니다. 스스로 회개하고 결단하였기에 변화될 수 있었습니다. 어느 누구의 도움도 받을 수 없었던 굶주림 속에서 다시 생명의 길, 풍요로운 아버지 집을 찾아 돌아옵니다. 마침내 행동으로 옮겨졌습니다.

●20-24절 / 아버지는 둘째 아들이 집을 나간 후 소식도 모르는 그가 다시 돌아오기만을 기다리며 한시도 눈을 떼지 않고 애타게 문 밖을 바라보고 계셨습니다. 마치 "볼지어다 내가 문 밖에 서서 두드리노니 누구든지 내 음성을 듣고 문을 열면 내가 그에게로 들어가 그와 더불어 먹고 그는 나와 더불어 먹으리라"(계 3:20)고 말씀하신 예수님처럼 말입니다.

아버지는 멀리서 둘째 아들이 집으로 돌아오는 것을 보았습니다. 집을 나갈 때와는 전혀 다른 굶주리고 남루한 그의 모습을 보고 측은히 여겨 달려가 목을 안고 입을 맞춥니다. 죽었다가 살아난 아들, 잃었다가 다시 찾은 아들입니다. 사랑의 아버지는 떠날 때도 편안한 마음으로 떠날 수 있도록 아무 말도 하지 않고 오로지 다시 돌아오기만을 기다리고 있었습니다. 그리고 그가 돌아올 때도 그 마음이 편안하도록 그 모습 그대로 형언할 수 없는 기쁨과 변함없는 사랑으로 맞아들이고 있습니다. 그러나 우리는 말이 없는 아버지의 마음을 깊이 묵상해 보아야 하겠습니다.

아들은 아버지에게 "지금부터는 아버지의 아들이라 일컬음을 감당하지 못하겠나이다"(19절), "나를 품꾼의 하나로 보소서 하리라 하고 아버지여 내가 하늘과 아버지께 죄를 지었사오니 지금부터는 아버지의 아들이라 일컬음을 감당하지 못하겠나이다"(21절)라고 그동안 자신이 회개하고 결단한 마음을 말하고 있습니다. 그러나 죽음에 이르기까지 처참했던 삶을 통하여 낮아지고 낮아진 종의 모습으로 변한 아들에게 아버지는 어떤 말도 하지 않았습니다. 이미 그의 마음을 알고 계시는 아버지는 오히려 종들에게 "제일 좋은 옷을 내어다 입히고 손에 가락지를 끼우고 발에 신을 신기라"(22절)고 합니다. 다시 말하면 새생명으로 다시 태어난 모습으로 돌아온 둘째 아들에게 종의 신분이 아닌 본연의 둘째 아들 신분을 다시 확인해 줍니다. 그리고 살찐 송아지를 잡아 잔치까지 베풀며 그곳에 모인 모든 사람들과 함께 즐거워합니다.

우리는 본문을 통하여 내 육신의 생각은 패망의 길이 될 수 있으며, 아버지 집을 떠나서는 잠시도 살 수 없다는 것을 새삼 깨달을 수가 있었습니다. 하나님을 떠나 세상 속에서 하고 싶은 것을 다하며 내 뜻대로 살아가는 것이 자유롭고 행복한 것 같으나 얼마나 부질 없는 삶이며, 하나님 아버지의 마음을 얼마나 아프게 하는 행동인지를 보여 주고 있습니다.

지금까지 내가 살아온 것도 내 능력으로 살아온 것이 아니고 오직 하나님의 긍휼하신 은혜인 것을 다시금 깨달았습니다.

● 우리는 어디에서 진정한 자유를 찾을 수 있는가?

● 어떤 것이 진정한 자유인가?

● 사랑하던 사람에게 배신당했을 때 사랑으로 용서할 수 있을까?

● 하나님은 지금도 나를 얼마나 사랑하고 계신가?

예수 그리스도의 구속의 은혜를 묵상하여 봅니다.

본문을 묵상하면서, 인간적으로 생각할 때 아버지는 둘째 아들이 갑자기 집을 떠나겠다고 말하는 것 자체도 괘씸할 뿐만 아니라 분깃까지 미리 나누어 달라고 하니 얼마나 기가 막히고 실망스러운 심정이었겠습니까?

유산을 모두 탕진한 후 초췌한 모습으로 아버지 집으로 다시 돌아오는 아들을 멀리서 보고 달려가는 아버지를 상상해 보았습니다. 나는 아버지의 마음과 나의 마음을 비교해 보면서, 자식을 사랑하는 마음이 본문에 나오는 아버지의 사랑과 비교조차 할 수 없는 것임을 알게 되었습니다. 본문을 통해 하나님 아버지의 참 사랑을 깨달았습니다. 우리 삶의 모든 것이 하나님의 섭리이며, 내가 할 수 있는 것은 다만 조건없는 사랑 안에서 참고 기다리는 것입니다. 고난을 통하여 영이 성숙되어야 하나님께로 가까이 갈 수 있기 때문입니다.

나는 아버지가, 둘째 아들이 멀리서 굶주림에 헐벗고 지친 몸으로 당신의 집으로 다시 돌아오는 것을 보고, 측은함과 말할 수 없는 기쁨으로 사랑이 북받쳐 아들을 꼬옥 끌어안는 모습을 보며 아버지의 변함없는 사랑과 무조건적인 사랑에 큰 감명을 받았습니다.

우리를 향한 하나님의 사랑이 이와 같습니다.

하나님의 놀랍고도 크신 사랑을 어떻게 말로 다 표현할 수 있겠습니까? 아들이 나간다고 할 때에 아버지는 붙잡지 않고 자기 뜻대로 나가게 했습니다. 돌아올 때도 그 모습 그대로 기쁨과 변함없는 사랑으로 받아주셨습니다. 그 사랑을 어떻게 말로 다 표현할 수 있겠습니까?

이 모습, 이 상황이 바로 내 모습으로 비쳐졌습니다. 나의 입가에선 감사와 기쁨으로 "그 크신 하나님의 사랑 말로 다 형용 못하네 … 하늘을 두루마리 삼고 바다를 먹물 삼아도 한없는 하나님의 사랑 다 기록할 수 없겠네"라는 찬송이 흘러나오며 마음 깊은 곳에서 말로 설명할 수 없는 뜨거운 눈물이 흘러 내렸습니다.

지금 이 순간에도 사랑의 하나님, 구원의 하나님은 한 영혼이라도 회개하고 아버지 집으로 돌아오기기만을 멀리서 기다리고 계십니다. 돌아온 아들을 무조건 받아주실 뿐만 아니라 본연의 아들 신분까지도 회복해 주십니다.

나는 하나님의 은혜 없이는 잠시도 살 수 없다는 것을 깊이 깨닫고, 감사하는 마음과 은혜를 사모하는 마음으로 하나님 말씀을 믿으며 소망의 기쁨으로 순종하는 것이 생명의 길, 소망을 이루는 길임을 본문을 통하여 다시 확신했습니다. 그리고 본문에 나오는 아버지의 마음으로 내 이웃을 내 몸과 같이 사랑할 때, 하나님은 반드시 모든 것을 합력하여 선을 이루어 주시는 분임을 생각하며, 예수님이 우리에게 사랑을 새 계명으로 주신 뜻을 깊이 깨닫게 되었습니다.

"구원의 은혜"

요한복음 3장 16절의 "하나님이 세상을 이처럼 사랑하사 독생자를 주셨으니 이는 그를 믿는 자마다 멸망하지 않고 영생을 얻게 하려 하심이라" 하신 말씀을 기억하실 것입니다.

이 말씀이 우리에게 이루어지기 위해서는 갈라디아서 2장 20절의 말씀이 나의 신앙고백이 되어야 합니다. 그러나 그것은 결코 쉬운 일이 아닙니다. 풀무불과 같은 성령의 은혜로 죄의 성품은 재와 연기가 되어 날아가고 오직 정금과 같은 새로운 피조물(고후 5:17), 즉 나날이 예수님의 성품을 닮아가야 할 것입니다.

하나님은 이사야 61장 1-3절에서 범죄한 우리에게 구원의 희소식을 예시하셨습니다. 그리고 하나님의 때에 우리에게 성자 하나님을 화목제물로 보내주셨습니다(롬 5:8)

그분이 바로 우리 죄를 대속하기 위하여 십자가에서 죽으시고 삼 일 만에 죽은 자 가운데서 부활하신 어린양 예수 그리스도이십니다.

복음은 간단하며 명료합니다. 우리의 화목제물로 오신 성자 예수 그리스도의 구원의 역사를 믿음으로 하나님과의 관계가 회복되어 하늘의 복을 누리며 영생할 수 있다는 기쁘고 복된 소식입니다.

"성자 하나님"

나는 큐티를 하면서 특별히 예수님을 좀 더 깊이 묵상하게 되었습니다.

창세기 1장과 요한복음 1장 1-18절에는 "하나님은 말씀으로 천지를 창조하셨고 말씀이 하나님과 함께 계셨으니 이 말씀은 곧 하나님이시니라"고 기록되어 있습니다. 그리고 말씀 안에는 생명이 있습니다. 이 생명은 사람들의 빛이며 말씀이 육신이 되어 이 땅에 오신 예수님을 말하고 있습니다. 이처럼 말씀에는 천지를 창조하신 계획과 의지와 능력이 있다는 사실을 알 수 있으며, 그 말씀이 바로 이 땅에 그리스도로 오신 예수님이십니다(요 1:14).

대강절 새벽기도회 때였습니다.

예배가 시작되기 전, 조용히 기도를 하는 중에 유난히 다사다난했던 우리 가정에 새로운 소망으로 성탄절을 맞이하게 해주신 하나님의 은혜를 생각하며 눈물로 감사기도를 드리고 있었습니다.

예배가 시작되어 109장 찬송의 1절 "고요한 밤 거룩한 밤 어둠에 묻힌 밤 주의 부모 앉아서 감사기도 드릴 때 아기 잘도 잔다 아기 잘도 잔다"를 부르는 순간 장차 당하실 고난과 고통을 모르고 엄마 품에 안기어 편안히 잠든 아기 예수님이 떠올려져 마음이 아파왔습니다. 그리고 본당 앞 십자가가 뚜렷하게 빛을 발하고, 그 옆 벽에 있는 "하나님께 영광, 사람들 중에 평화"란 말씀이 눈에 띄었습니다. 또한 머릿속에는 "…보라 세상 죄를 지고 가는 하나님의 어린 양이로다"(요 1:29)라고 한 세례 요한의 말씀이 떠올랐습니다. 이 말씀은 인간으로 오신 예수 그리스도의 일생이었습니다.

예수님은 영이신 성자 하나님이 성령으로 잉태되어 이 땅에 오신 분이기 때문에 사람의 성품은 가지셨으나 어머니가 없고 육신의 아버지도 없으신 하나님과 같은 개념, 스스로 계신 분(I AM WHO I AM)으로 생각해야 합니다. 그러므로 사망 권세가 예수님을 지배할 수도 없으며, 오히려 죄와 사망의 권세까지도 이기심으로 죽은 자까지도 살리시는 전능하신 능력이 있으시기에 부활하실 수밖에 없습니다.

요한일서 4장을 큐티할 때였습니다.

10절 "사랑은 여기 있으니 우리가 하나님을 사랑한 것이 아니요 하나님이 우리를 사랑하사 우리 죄를 속하기 위하여 화목제물로 그 아들을 보내셨음이라" 하신 말씀 중에서 '화목제물'에 마음이 끌렸습니다.

하늘 보좌를 떠나 우리의 화목제물의 사명으로 이 땅에 오신 예수님은, 태어나실 때부터 우리가 당하고 있는 고난을 몸소 겪으시며 천국 복음을 전파하셨습니다. 그리고 하나님의 때가 되어 십자가에서 죽으심으로 하나님과의 관계를 회복한 화목제물이 되어 구원의 사명을 이루셨습니다.

예수님은 사람들이 이 땅에 사는 동안 죄에서 벗어나 하늘의 복을 누리기를 원하십니다. 그리고 우리가 이 땅에서 하나님 나라를 이룰 수 있도록 '하나님에 대한 사랑'과 "서로 사랑하라 내가 너희를 사랑한 것같이 너희도 서로 사랑하라"(마 22:37-40; 요 13:34)는 새 계명을 주셨습니다. 이 새 계명이 바로 하나님이 천지를 창조하신 섭리라고 할 수 있겠습니다.

하나님은 요한일서 3장 24절에서 "그의 계명을 지키는 자는 주 안에 거하고 주는 그의 안에 거하시나니 우리에게 주신 성령으로 말미암아 그가 우리 안에 거하시는 줄을 우리가 아느니라"고 말씀하셨습니다. 이 말씀에서 사랑은 곧 예수님이시며, 우리가 서로 사랑하는 것은 곧 하나님 말씀에 순종하는 것이고, 예수 그리스도께서 우리 안에 계시다는 뜻이라고 하겠습니다. 또한 사랑하는 사람 안에는 하나님의 영(성령)이 회복되어 새 생명으로 태어나 지혜와 능력과 천국의 소망을 갖게 된다는 것을 깨닫게 되었습니다.

예수님은 믿음 위에 교회를 세우시고(마 16:16-20) 친히 교회의 머리가 되셨습니다(골 1:18).

"은혜와 진리가 예수 그리스도로 말미암아 온 것이라"(요 1:17)

그러므로 말씀과 사랑과 성령님이 함께하는 교회가 하나님의 뜻에 합당한 교회요 진정한 그리스도인이라 할 수 있겠습니다.

그외에도 성경에는 예수님을 말씀, 생명의 떡(요 6:35), 세상의 빛(요 8:12), 참빛(요 1:9), 양의 문(요 10:7), 선한 목자(요 10:11), 부활이요 생명(요 11:25), 길이요 진리요 생명(요 14:6), 참 포도나무(요 15:1), 광명한 새벽별(계 22:16) 등으로 표현하고 있습니다.

예수님은 장사한 지 삼 일 만에 부활하셨고, 제자들에게 "복음을 전파하라"고 하시며 비로소 "하늘과 땅의 모든 권세를 내게 주셨으니"라고 절대 주권자로서의 신분을 밝히셨습니다(마 28:18). 부활하신 예수님은 이 땅에서 사명을 완전히 이루셨기 때문에 더 이상 사람의 신분으로 이 땅에 계실 필요가 없으므로, 하나님 곁으로 승천하시면서 구원의 은혜가 우리 안에 영원하고 온전하게 임할 수 있도록 영원히 우리와 함께하실 보혜사 성령님을 보내주셨습니다.

예수님에 관한 성경 말씀을 정리해 보았습니다.

① 하나님의 본체이십니다.

골로새서 1장 15절에서 "보이지 아니하는 하나님의 형상이시요"라고 말씀하고 있습니다. 히브리서 1장 3절에서는 "이는 하나님의 영광의 광채시요 그 본체의 형상이시라 그의 능력의 말씀으로 만물을 붙드시며 죄를 정결하게 하는 일을 하시고 높은 곳에 계신 지극히 크신 이의 우편에 앉으셨느니라"(요 1:18, 14:9; 고후 4:4)고 말씀하고 있습니다. 예수님은 우리가 눈으로 볼 수 없는 하나님의 모습이시며, 하나님과 함께 천지를 창조하신 독생자 하나님이시라는 사실을 말씀하고 있습니다.

② 말씀과 빛이십니다.

하나님이 천지를 창조하실 때 먼저 빛을 창조하셨습니다(창1:3-5). 빛은 흑암을 밝히는 생명의 근원입니다.

"태초에 말씀이 계셨고 그 말씀이 천지를 창조하셨으며 그 안에 생명이 있었으니 이 생명은 사람들의 빛이라"(요 1:4-5).

예수님을 말씀과 빛이라고 했습니다. 요한복음 1장 9-18절 말씀에는 "말씀이 곧 참 빛 세상에 와서 각 사람에게 비추는 빛이라"고 하였으며 "그 말씀이 육신이 되어 우리 가운데 거하시매 우리가 그 영광을 보니 아버지의 독생자의 영광이요 은혜와 진리가 충만하더라"라고 하였습니다.

③ 죄를 사하는 능력과 세상을 이기신 분입니다.

예수님은 "네 죄 사함을 받았느니라"(마 9:2) 하신 말씀으로 중풍병자를 고치셨으며 "…인자가 세상에서 죄를 사하는 권능이 있는 줄을 너희로 알게 하려 하노라…"고 서기관들에게 말씀하신 바와 같이 죄를 사하시는 능력이 있으신 분입니다. 그러므로 죄사함을 받은 주의 백성은 사망이 침범할 수 없으므로 영생이 보장되었다고 하겠습니다.

또 예수님은 요한복음 16장 33-34절에서 제자들에게 "내가 아버지에게서 나와 세상에 왔고 다시 세상을 떠나 아버지께로 가노라"(요 16:28)고 하시면서 "이것을 너희에게 이르는 것은 너희로 내 안에서 평안을 누리게 하려 함이라 세상에서는 너희가 환난을 당하나 담대하라 내가 세상을 이기었노라"고 말씀하셨습니다. 예수님을 그리스도로 믿고 순종하는 사람들은 승리하는 삶을 살 수 있다는 것을 세상에 선포하셨습니다.

④ 하늘과 땅의 모든 권세를 가지신 분입니다.

사도 요한은 요한1서 2장 2절에서 "그는 우리 죄를 위한 화목제물이니 우리만 위할 뿐 아니요 온 세상의 죄를 위하심이라" 한 바와 같이 하나님은 성자 하나님을 우리의 화목제물로 이 땅에 보내실 때에 이미 하늘과 땅의 모든 권세까지 주셨습니다(마 28:18).

이 사실은 "하나님이 세상을 이처럼 사랑하사 독생자를 주셨으니 이는 그를 믿는 자마다 멸망하지 않고 영생을 얻게 하려 하심이라"(요 3:16)고 하신 말씀과 "내가 곧 길이요 진리요 생명이니 나로 말미암지 않고는 아버지께로 올 자가 없느니라"(요 14:6)고 하신 말씀과 "너희가 내 이름으로 무엇을 구하든지 내가 행하리니 이는 아버지로 하여금 아들로 말미암아 영광을 받으시게 하려 함이라"(요 14:13)고 하신 말씀을 성취하시는 능력을 뒷받침하는 말씀이라고 하겠습니다.

사도 바울의 서신서에는 "주 안에서", "예수 그리스도 안에서", "그리스도 예수 안에서", "예수 그리스도로부터"라는 표현을 여러 차례 사용하고 있습니다.

로마서 1장 4절에는 "성결의 영으로는 죽은 자들 가운데서 부활하사 능력으로 하나님의 아들로 선포되셨으니 곧 우리 주 예수 그리스도시니라"고 하늘과 땅의 모든 권세를 가지셨다는 예수님의 말씀을 확증하고 있습니다. 예수님이 세상의 주권자이심을 선포하고 있습니다.

⑤ 사랑은 하나님이시며 창조질서입니다.

성부, 성자, 성령 하나님은 사랑으로 천지를 창조하셨습니다. 사람을 당신의 형상대로 지으시고 생령을 불어넣어 창조하신 뜻은 사람과 더불어 즐거워하시기를 원하셨기 때문에 사람에 대한 하나님의 사랑은 특별하다고 하겠습니다. 우리는 이러한 하나님의 사랑 안에 태어났습니다. 그러므로 하나님은 우리가 비록 죄를 범하였지만 변함없이 사랑하시기에, 성자 하나님을 성육신의 화목제물(아가페사랑)로 이 땅에 보내주셨습니다.

⑥ 사랑은 창조질서입니다.

사랑은 하나님의 창조질서(진리)이며, 율법의 완성이며, 곧 영생입니다(눅 10:25-28/롬 13:10/갈 5:13/요일 2:25).

요한일서 4장 10-11절에는 "사랑은 여기 있으니 우리가 하나님을 사랑한 것이 아니요 하나님이 우리를 사랑하사 우리 죄를 속하기 위하여 화목제물로 그 아들을 보내셨음이라 사랑하는 자들아 하나님이 이같이 우리를 사랑하셨은즉 우리도 서로 사랑하는 것이 마땅하도다"라고 말씀하셨습니다.

하나님은 우리가 하나님의 은혜를 누리며 소망을 이룰 수 있도록 사랑을 새 계명으로 주셨습니다. 예수 그리스도의 십자가는 천국의 소망을 이루는 유일한 길입니다. 그러므로 큐티의 열매는 하나님의 마음, 즉 사랑을 회복하는 것이며 사랑의 열매는 영생이라 하겠습니다.

⑦ 사랑은 새 계명입니다.

사랑은 하나님의 절대적인 성품입니다. 우리는 하나님의 형상대로 하나님의 생기를 받고 태어났기 때문에 내 이웃을 사랑하는 것이 하나님의 뜻에 순종하는 것이며, 천지 만물을 영원히 아름답게 지키시려는 하나님의 뜻이라 하겠습니다.

그러므로 사랑하는 자는 하나님과의 관계가 온전히 회복된 것이므로 십계명을 완성한 삶을 사는 것입니다. 이런 의미에서 성경은 십계명으로, 십계명은 다시 사랑의 두 계명으로 요약할 수 있다고 할 수 있습니다.

나는 예수님의 "네 이웃을 네 자신같이 사랑하라" 하신 계명을 묵상하면서, 지금도 예수님은 이웃 사랑에 대하여 "서로 사랑하사 내가 너희를 사랑한 것같이 너희도 서로 사랑하라"(요 13:34)고 말씀하고 계심을 깨닫습니다. 이 말씀에는 두 가지 뜻이 있습니다. 즉 나를 부인하고 교만을 버리라는 것과, 내 이웃도 나와 똑같이 하나님의 사랑을 받고 태어난 사람이라는 뜻이라 하겠습니다.

예수님은 누가복음 10장 25-37절에서 이웃에 대한 비유로 여리고로 내려가다가 강도를 만난 사람을 대하는 제사장과 레위인, 그리고 여행 중에 있는 사마리아인을 예로 들며 진정한 우리 이웃이 누구인가를 우리에게 묻고 계십니다.

진정한 사랑은 내 이웃을 위하여 소금이나 촛불처럼 자신을 희생하는 것입니다. 사랑은 태양처럼 끊임없이 따뜻한 빛을 발해야 합니다. 이처럼 예수님은 하나님의 뜻에 따라 성육신한 화목제물로 이땅에 오시어 우리를 대속하기 위하여 십자가에서 죽으셨습니다. 그러나 근본이 흠 없으신 성자이시며, 또한 죄 사하는 능력을 가지신 분이기에, 죽은 자 가운데서 삼 일 만에 육신의 몸으로 부활하심으로 우리의 소망이 되신 분입니다.

"그리스도의 십자가"

"그가 찔림은 우리의 허물 때문이요 그가 상함은 우리의 죄악 때문이라 그가 징계를 받으므로 우리는 평화를 누리고 그가 채찍에 맞으므로 우리는 나음을 받았도다"(사 53:5)

사람의 말과 행동에는 반드시 목적이 있습니다. 목적 없이 사는 사람은 백치가 아니면 인생의 패배자가 될 것입니다. 믿음의 사람들의 목적은 진리 안에서 성령님의 인도하심에 따라 살아갈 때 아름다운 결실을 얻을 수 있습니다. 이런 우리가 목적을 이루어가는 삶을 위하여 우선적으로 따라야 할 기본적인 길이 있습니다. 예수 그리스도의 십자가의 도(사랑의 계명)를 믿고 따르는 것입니다.

예수님은 "내가 곧 길이요 진리요 생명이니 나로 말미암지 않고는 아버지께로 올 자가 없느니라"(요 14:6)고 말씀하셨습니다. 이 말씀과 같이 예수님은 하나님께 범죄한 우리를 하나님과 화목하게 하기 위하여 화목제물로 오신 그리스도이십니다.

누가복음 23장 39-49절을 묵상할 때였습니다.

절망의 골고다 언덕에 세 개의 십자가가 서 있었습니다. 가운데 십자가는 예수님이 우리의 죄를 대속하기 위해 죄인으로 달리신 구원의 십자가이며, 좌우에 서 있는 십자가는 죽음을 기다리는 죄인의 십자가였습니다. 예수 그리스도의 복음을 소문으로 들은 그들에게는, 예수님을 믿으면 누구나 구원 받을 수 있는 마지막 순간의 기로에 있는 십자가입니다.

한 십자가의 죄인은 예수님을 비방함으로 지옥으로 떨어진 멸망의 십자가이나, 다른 십자가는 예수님 앞에서 자신의 죄를 시인하고 천국을 간청하여 즉시 죄사함 받고 예수님과 함께 낙원으로 들어간 생명의 십자가입니다(눅 23:39-43). 이것이 바로 우리의 현실을 상징하는 십자가입니다.

우리는 출애굽기 12장의 유월절 사건을 기억하고 있습니다. 하나님이 이스라엘의 출애굽을 위하여 처음 난 것들을 죽이는 마지막 재앙을 사용하실 때, 그들에게 흠 없고 일 년 된 어린 숫양이나 염소를 취하라고 하셨습니다. 그 고기는 반드시 불로 구워(성령) 먹고 그 피는 좌우의 문설주에 바르라고 하셨습니다. 그리고 문 밖을 나가지 말라고 하셨습니다. 독생 성자 예수님도 십자가에 달려 죽으시기 전에 제자들과 최후의 만찬을 하실 때, 그들에게 축복하신 떡을 주시며 "먹으라 이것은 내 몸이라" 하셨으며, 또한 잔을 가지시고 감사 기도를 하신 후 그들에게 주시며 "이것은 죄 사함을 얻게 하려고 많은 사람을 위하여 흘리는 바 나의 피 곧 언약의 피"라고 하셨습니다(마 26:26-28).

이처럼 예수님의 십자가는 사랑의 계명을 몸소 실천하신 사랑의 금자탑이며, 세상을 밝고 아름답게 밝혀주신 광명의 십자가입니다. 우리는 예수님의 몸과 연합되고 보혈의 은혜 안에 있어야 구원의 은혜가 임하게 됩니다. 회개하고 구원받은 십자가의 죄인처럼 예수님이 달리신 십자가는, 예수님을 그리스도로 믿기만 하면 누구나 구원받고 천국 백성이 될 수 있는 생명나무로 가는 길입니다(마 27:51: 막 15:38).

성경에서 말씀하고 있는 예수님의 십자가를 좀 더 명료하게 정리해 보았습니다.

① 순종의 십자가

자기를 부인하고 겸손하게 아가페 사랑으로 아버지 하나님의 뜻에 순종하셨습니다.

"그러나 내 원대로 마옵시고 아버지의 원대로 되기를 원하나이다"(눅 22:42).

② 용서의 십자가

"아버지여 저희를 사하여 주옵소서 자기의 하는 것을 알지 못함이니이다"(눅 23:34).

③ 대속의 십자가

"진실로 네게 이르노니 오늘 네가 나와 함께 낙원에 있으리라"(눅 23:43).

"성소의 휘장이 위로부터 아래까지 찢어져 둘이 되고"(마 27:51).

믿는 자는 누구나 지성소에 들어갈 수 있게 되었습니다.

"염소와 송아지의 피로 하지 아니하고 오직 자기의 피로 영원한 속죄를 이루사 단번에 성소에 들어가셨느니라"(히 9:12).

"하물며 영원하신 성령으로 말미암아 흠 없는 자기를 하나님께 드린 그리스도의 피가 어찌 너희 양심을 죽은 행실에서 깨끗하게 하고 살아 계신 하나님을 섬기게 하지 못하겠느냐"(히 9:14).

④ 믿음의 본이 된 십자가

죽음 앞에서도 하나님만을 의지하고 하나님의 영광만을 위하는 믿음의 본이 된 십자가입니다.

"아버지여 내 영혼을 아버지 손에 부탁하나이다"(눅 23:46).

⑤ 효도(孝道)의 본이 된 십자가

예수님은 동정녀였던 어머니를 '여자, Woman'(창 2:22)이라 성스럽게 부르시며 제자에게 어머니로 모실 것을 부탁하셨습니다(요 19:26-27).

⑥ 인내의 십자가

예수님은 목마를 때까지 자세가 흐트러지지 않으시고 사명 안에서 인내의 본을 보이셨습니다.

예수님은 인류를 죄에서 구원하시는 사명과 소망으로 인내하셨습니다.

"이후에 예수께서 모든 일이 이미 이룬 줄 아시고 성경으로 응하게 하려 하사 가라사대 내가 목마르다 하시니"(요 19:28).

⑦ 율법을 완성한 십자가

예수님은 십자가를 통하여 사랑의 계명을 완전히 이루셨기 때문에, 누구든지 예수님의 대속의 은혜를 믿는 자는 예수님의 보혈로 모든 죄를 사함받았으므로 모든 율법이 완성된 것입니다.

"다 이루었다"(요 19:30).

"그리스도 예수 안에 있는 생명의 성령의 법이 죄와 사망의 법에서 너를 해방하였음이라"(롬 8:2).

⑧ 영생의 십자가

예수님은 영으로는 성자 하나님이시며 육으로도 죄가 없으신 분이기에 사망권세가 속박할 수 없었습니다. 장사한 지 삼 일 만에 부활하셨습니다. 그러므로 예수님의 십자가는 믿음의 눈으로만 볼 수 있고 믿음으로만 걸어갈 수 있는 유일한 영생의 길, 생명나무로 가는 길입니다(마 27:52-53).

성자 예수님이 행하신 몇 가지 사실을 묵상하려 합니다.

"자연을 다스리시는 예수님"
(마태복음 8장 23-27절 말씀 묵상)

① 말씀 요약

날이 저물어 예수님은 제자들과 함께 배를 타고 건너편으로 가십니다. 제자들은 바다 가운데서 큰 광풍을 만나 배안에 물이 가득 차서 죽을 것 같아 주무시는 예수님을 깨웁니다. 예수님은 제자들에게 "어찌하여 무서워하느냐 믿음이 작은 자들아" 하신 다음 바람을 꾸짖으시며 말씀으로 광풍을 잠재우신 후 "어찌하여 이렇게 무서워하느냐 너희가 어찌 믿음이 없느냐"라고 믿음이 적은 제자들을 꾸짖으셨습니다. 제자들은 두려워하며 "예수님이 어떤 분이시기에 바람과 바다도 순종하는가"라고 합니다.

② 나에게 주신 말씀

"예수께서 이르시되 어찌하여 무서워하느냐 믿음이 작은 자들아 하시고 곧 일어나사 바람과 바다를 꾸짖으시니 아주 잔잔하게 되거늘 그 사람들이 놀랍게 여겨 이르되 이이가 어떠한 사람이기에 바람과 바다도 순종하는가 하더라"(26-27절).

③ 말씀 묵상

본문을 묵상할 때 본문 상황 가운데로 내가 들어갑니다. 등장 인물들의 상황을 두루 살펴본 다음 마음이 끌리는 인물(말씀의 주인공?)에 나 자신을 대입하여 전개되는 상황을 검토합니다.

앞뒤의 말씀과 내용의 흐름을 연관하여 관찰하면, 본문에서 말씀하고자 하시는 뜻을 보다 명료하게 이해할 수 있습니다.

때로는 말씀을 쉽게 이해하기 위하여 본문을 내용별로 또는 등장 인물별로도 관찰합니다. 그러면 묵상이 막힘없이 자연스럽게 흐르는 것을 느낄 수 있습니다. 묵상 중에 적용의 맥도 떠오릅니다.

●등장 인물: 예수님과 제자들

●사건: 광풍과 배에 넘쳐 들어오는 파도와 다급한 제자들의 모습

●결론: 예수님이 제자들에게 예수님에 대한 믿음이 없음을 꾸짖으시고, 제자들이 예수님의 능력을 보고 "이 사람이 어떠한 사람이기에"라며 놀랍게 여기는 모습을 그려볼 수 있습니다.

예수님이 함께 타신 배에도 광풍은 일어납니다. 광풍이 불 때 예수님은 배의 고물에서 주무시는데, 배 안에는 물이 가득 차서 죽게 될 위태로운 상황이 되었습니다. 제자들은 주무시고 계시는 예수님을 깨웁니다.

예수님은 제자들이 믿음이 없어 두려워하는 모습을 책망하십니다. 그리고 예수님은 바람을 꾸짖으시고 말씀으로 바람을 잔잔케 하셨습니다. 제자들은 "이이가 어떠한 사람이기에" 바람과 바다도 순종하느냐고 예수님의 권능을 보며 놀랍게 생각합니다.

본문 말씀 앞에 나온 마태복음 8장의 내용을 보면, 예수님은 제자들을 불러 사역을 시작하신 후 많은 기사와 이적을 행하셨습니다. 문둥병자를 "내가 원하노니 깨끗함을 받으라"는 말씀으로 고치셨

습니다. 중풍병으로 집에 누워 괴로워하는 백부장의 하인을, 집으로 가지 않고 백부장에게 "네 믿은 대로 될지어다"라는 말씀으로 고치셨습니다. 베드로의 장모가 집에서 열병으로 앓아 누운 것을 보시고 그의 손을 만지시며 고치셨습니다. 사람들이 데리고 온 많은 귀신 들린 자를 말씀으로 쫓아내시고 고치셨습니다. 제자들은 예수님이 행하시는 수많은 기적을 가까이서 지켜보았습니다.

그동안 제자들은 예수님을 '능력이 있는 사람' 정도로 생각하였던 것 같습니다. 제자들은 오늘도 평소와 다름없이 평온하게 바다를 건너리라고 생각했을 것입니다. 그런데 예수님은 배 안에서 편히 주무시고 계신데 갑자기 광풍이 일어났습니다.

사람들은 편안하고 순탄하게 살기를 원합니다. 성도들은 마치, 한 배에 예수님이 계신 제자들처럼 삶이 평강 가운데 순탄하기를 바라며 하나님께 기도를 드립니다. 그러나 그것은 우리의 바람일 뿐 많은 사람들은 환난과 연단을 피할 수 없습니다. 또한 연단 없이는 믿음이 자랄 수도 없을 뿐더러 소망을 이루어갈 수도 없습니다. 그러나 "사람이 감당할 시험밖에는 너희가 당한 것이 없나니 오직 하나님은 미쁘사 너희가 감당하지 못할 시험 당함을 허락하지 아니하시고 시험 당할 즈음에 또한 피할 길을 내사 너희로 능히 감당하게 하시느니라"(고전 10:13)고 하신 말씀처럼 하나님은 하나님의 자녀가 된 우리를 항상 사랑으로 연단하고 계십니다. 그러므로 비록 우리가 예수님을 열심히 믿고 제자들처럼 예수님과 동행하는 삶을 산다 할지라도 우리에겐 광풍 같은 환난이 덮칠 수 있습니다.

나는 24절 "바다에 큰 놀이 일어나 배가 물결에 덮이게 되었으되 예수께서는 주무시는지라"는 말씀 중에서 "예수께서는 주무시는지라" 라는 말씀을 주의 깊게 관찰하고 묵상하게 되었습니다. 모든 사람들은 자지 않는데 왜 예수님만 고물에서 주무시고 계셨을까?

주님은 "믿음이 작은 자들"이라고 말씀하시며 바람과 바다를 꾸짖어 아주 잔잔케 하셨습니다. 예수님은 창조자로서 주권자가 아니면 할 수 없는 자연을 다스리는 능력을 보여주셨습니다. 이 말씀을 묵상하면서 예수님은 제자들의 믿음을 시험하고 굳건하게 하기 위하여 풍랑을 일으키고 다스리심으로 만물의 창조주이심을 알게 하셨습니다.

본문과 같이, 예수님은 택하신 제자들의 믿음을 연단하시는 것처럼, 때로는 우리에게도 광풍으로 연단하고 계시다는 것을 알게 되었습니다. 예수님은 말씀으로 광풍(환난)을 꾸짖어 잠재워 주신 것처럼, 우리가 예수님만 의지한다면 광풍도 잠재워 주신다는 것을 깨닫게 되었습니다.

그러나 제자들을 책망하신 것처럼 때로는 자립하지 못하는 우리의 믿음을 책망하실 것입니다. 나에게 아직도 두려움이 있다는 것은 예수 그리스도에 대한 믿음이 적다는 증거입니다. 오직 믿음만이 하나님을 기쁘시게 할 수 있다는 말씀처럼(히 5:6), 믿는다고 방심하지 말고 매일 말씀을 묵상함으로 항상 말씀 안에서 경성하여 굳건한 믿음으로 살아가야 하나님의 기쁨이 되며 하나님이 주시는 평강으로 살아갈 수 있다는 것을 마음속으로 다짐하여 봅니다.

"그리스도를 만난 사마리아 여자"
(요한복음 4장 3-30절 말씀 묵상)

요한복음 4장 3-30절 말씀을 읽을 때, 예수님과 사마리아 여인과 짧지 않은 몇 단계의 대화 중에서 당시의 배경과 상황, 그리고 전하고자 하는 중요한 뜻을 머리에 그려가며 그 당시 상황으로 나 자신이 들어갔습니다.

유대를 떠나 갈릴리로 가시던 예수님은 사마리아를 지나게 되었는데, 낮 12시(제 육시)경에 피곤하여 수가라 하는 곳에 있는 우물 가까이에 앉아 쉬셨습니다. 때마침 물을 길러 우물에 온 한 사마리아 여자를 만났습니다. 서로가 필요한 장소에서 만났습니다.

나는 본문 중에서 '우물'이라는 단어를 발견했습니다. 우물은 모든 사람들에게 가장 필요한 생수의 근원이기 때문입니다. 그 당시 유대인은 사마리아인과는 상종도 하지 않았는데, 갑자기 한 남루한 유대인이 물을 달라고 하니 사마리아 여자는 당황스러웠을 것입니다.

하나님의 아들이신 예수님과 사마리아 사람들의 눈을 피하며 살고 있는 떳떳치 못한 여자와의 대화가 이어집니다. 여자의 모든 형편을 알고 계신 예수님은 물을 길러 나온 여자에게 물을 달라고 먼저 말문을 여십니다. 그러나 두 사람의 대화는 처음부터 껄끄러웠습니다. 여자는 목이 말라 물을 달라고 하는 유대인에게 물은 주지 않고 "유대인이 어찌하여 사마리아 여자에게 물을 달라고 하십니까?" 하고 평소에 맺혀 있는 열등감, 상처로 인한 적대적인 감정의 말을 건넵니다.

사마리아 여자가 한여름, 그것도 인적이 드문 더운 낮 정오를 택하여 우물에 나온 것을 보면 동네 사람들의 시선을 피해 살고 있는 수치스런 처지인 듯합니다(29절). 한편으로는 예수님의 외모를 보니 비록 유대인이지만 지나가는 나그네 정도로 업신여기는 마음도 있지 않았나 생각이 됩니다. 사마리아 여자와 예수님과의 대화가 이어질 수 없는 상황에서, 예수님은 사마리아 여자 특히 그곳에서조차도 사람들의 눈을 피하여 숨어 살고 있는 여자의 영혼을 구원하기 위하여, 여자의 내면에 있는 상처들과 신앙관을 하나씩 끌어내고 계십니다.

예수님은 여자의 마음을 헤아리신 듯 "네가 만일 하나님의 선물을 알고 또 물을 달라고 하는 나에 대하여 알았다면 네가 나에게 구하였을 것이며 나는 네게 생수(living water)를 주었을 것이다"라고 복음에 대한 첫 운을 떼십니다. 그제서야 여자는 예수님에게 관심을 갖기 시작합니다. "그 생수를 어디서 얻습니까?"라고 대화가 이어지며 "당신이 이 우물을 주신 우리 조상 야곱보다 더 크다는 말씀입니까?"라고 반문합니다.

예수님은 13절과 14절에서 "이 우물물을 마시는 자마다 다시 목마르나, 내가 주는 물을 마시는 자는 영원히 목마르지 않고 그 물은 영생하도록 솟아나는 샘물(a spring of water)이 될 것이다"라고 복음의 진수를 말씀하십니다.

15절에서 예수님은 여자가 세상적인 생각의 한계로 생수에 대한 말씀을 이해하지 못하는 것을 아시고, 16절에서 갑자기 화제를 돌려 "가서 네 남편을 불러오라"고 말씀하십니다. 예수님은 영원한 생수를 마시게 하도록 혜안의 능력을 나타내기 시작합니다. 여기에서 여자는 "남편이 없습니다"라고 말합니다.

"여자가 대답하여 이르되 나는 남편이 없나이다 예수께서 이르시되 네가 남편이 없다 하는 말이 옳도다 너에게 남편이 다섯이 있었고 지금 있는 자도 네 남편이 아니니 네 말이 참되도다"(17, 18절).

여자의 남편에 관하여 말씀하시면서 그 여자의 마음속에 있는 누구에게도 말하기 힘든 죄로 얼룩진 과거와 현재의 치부를 소름 끼칠 정도로 정확히 들추어내십니다. 이 말씀을 들은 여자는 지나가는 나그네로만 생각하였던 예수님에 대한 선입관을 버리고, 지금까지 부정적이었던 입에서 예수님을 선지자라고 말합니다. 그러나 여자는 난처한 대화를 돌리려고 예배 장소인 그리심 산과 예루살렘으로 대화를 바꿉니다(20절). 그러자 예수님은 가장 핵심적인 참 예배와 그리스도에 대하여 본격적으로 대화를 이끌어 가십니다(21-24절).

예수님께서는 "예배는 장소가 중요한 것이 아니니 너희와 같이 알지 못하는 것에 예배하지 말고 그리스도는 유대인에게서 나오니 유대인이 예배하는 하나님께 예배드려야 하며, 하나님은 영이시니 영과 진리로 예배를 드려야 한다"라고 참된 예배에 대하여 말씀하여 주십니다.

여자는 예수님에게 메시아, 곧 그리스도가 오신다는 것은 자기도 알고 있으며, 그가 오시면 모든 것을 우리에게 알려주실 것이라고 말합니다(25절). 예수님은 오실 그리스도가 바로 당신이라고 말씀하시며 비로소 여자에게 신분을 밝히셨습니다(26절). 사마리아 여자는 그 말씀을 듣고 얼마나 놀랐겠습니까? 상상도 못했던 엄청난 축복의 현장인 것을 깨닫고 마을로 뛰어갑니다.

본문 말씀을 크게 나누어 보겠습니다.

- 우물가에서 예수님과 사마리아 여자의 만남.
- 육신에 필요한 마실 물의 대화가 영생의 생수로 바뀐 것.
- 여자의 치부를 드러냄으로써 내적 치유의 기회가 된 것.
- 예수님 자신이 기다리는 메시아 곧 그리스도라고 신분을 밝히심으로 축복의 순간이 된 것.
- 상처 많은 사마리아 여자가 예수님의 복음을 이방인에게 전하는 전도자가 된 것.

28-30절에서 사마리아 여자는 예수님으로부터 당신이 그리스도라 하시는 말씀을 듣고, 육신의 물이 아닌 영원히 목마르지 않는 생명수를 발견한 놀라움과 기쁨으로, 사람들의 눈을 피하여 살던 수치심과 물동이를 버려두고 담대하게 마을로 들어갑니다. 동네 사람들에게 "나의 행한 모든 일을 내게 말한 사람을 와서 보라 이는 그리스도가 아니냐" 하며 복음을 전합니다. 그녀의 외침으로 저들이 마을에서 나와 예수님께로 왔습니다. 사마리아 여자는 생각지도 않게 그리스도를 만남으로, 사람들의 눈을 피하여 숨어 살던 모든 죄와 수치심과 세상적인 물동이를 떨쳐버리고, 오직 기쁨으로 마을로 뛰어가 그리스도의 복음을 전하는 여자로 바뀌었습니다. 영원히

목마르지 않는 생명수를 마시는 아름다운 하나님의 딸이 되었습니다.

그녀는 채워지지 않는 갈급한 내면을 여섯 남자로 채워보려고 했던 것 같습니다. 그러나 하나님의 은혜로 그리스도이신 예수님을 만남으로 밝은 빛 가운데 복음을 전하며 소망이 새롭게 살아났습니다.

16절 "네 남편을 불러오라"고 하신 말씀에 도전을 받았습니다.

예수님은 사마리아 여자의 내면에 있는 가장 수치스런 치부를 만지시고 치유하셨습니다. 이 말씀은 또한 나의 내면의 모든 것을 보고 계시는 예수님이, 나에게도 내면에 숨기고 있는 가장 수치스런 것을 주님 앞에 토하라는 말씀으로 들렸습니다. 나는 내면을 들여다보며 눈물로 회개했습니다. 세상에 물든 내 영혼을 예수님의 보혈로 깨끗이 씻어내고, 영원히 목마르지 않는 말씀의 생수를 마시면서 생수의 복음을 전하는 사랑 받는 하나님의 딸이 될 것을 새롭게 결단했습니다.

"진리의 은혜"

예수님은 천국 복음을 전하시면서 "회개하라 천국이 가까이 왔느니라"(마 4:17)고 하시면서 먼저 죄를 회개하라고 말씀하셨습니다. 그리고 요한복음 8장 31-32절에서 예수님을 믿는 유대인들에게 이르시기를 "너희가 내 말에 거하면 참으로 내 제자가 되고 진리를 알지니 진리가 너희를 자유롭게 하리라"고 하시며 "진리가 너희를 자유케 하리라"고 영혼의 자유함을 말씀하셨습니다.

요한복음 14장 6절에서는 "내가 곧 길이요 진리요 생명이니"라고 말씀하셨습니다.

그리고 죽음에서 부활하신 예수님은 이미 십자가에서 "다 이루었다"라고 선포하신 바와 같이, 땅에 오신 사명을 다 이루셨기 때문에 하나님 곁으로 승천하시면서 우리에게 영원히 함께하실 진리의 영, 성령님을 보내주셨습니다(요 14:16, 26, 15:26; 요일 4:13).

그러므로 우리는 성령님의 인도하심에 따라 살아야 참되고 복된 삶을 살 수 있습니다. 우리가 육신의 정욕이나 안목의 정욕이나 세상의 유혹에 이끌려 살면 두려움, 죄책감, 거절감, 열등감 등으로 영혼이 병들고 육신도 병이 들어 질고를 당하게 됩니다. 그러나 죄를 회개하며 진리의 말씀 안에 살면 "네 영혼이 잘됨같이 네가 범사에 잘되고 강건하기를 내가 간구하노라"(요일 1:2)는 말씀처럼 영이 맑고 건강하게 되어 하나님과 온전한 교통을 이루게 됩니다. 소망의 기쁨을 누릴 수 있습니다.

지금은 예수 그리스도께서 보내주신 성령 시대입니다. 우리는 성령을 받아야 합니다.

"여리고 성의 함락"
(여호수아 6장 15-27절 말씀 묵상)

오늘 말씀은 여호수아 6장 15-27절 말씀입니다.

여호수아는 마지막 일곱째 날 새벽에 여리고 성을 일곱 번 돌며 일곱 번째에 제사장들이 나팔을 길게 불 때에 백성에게 외치라고 했습니다. 이 성과 성 안에 있는 것은 온전히 여호와께 바치되, 우리가 보낸 사자들을 숨겨준 기생 라합과 그 집에 동거하는 사람들은 약속대로 모두 살려주라고 합니다.

제사장들이 부는 양각나팔 소리를 듣고 백성들이 크게 외치자 성벽이 무너져 내렸고 곧 그 성을 점령했습니다. 백성들은 여호수아의 명령대로 성 안에 있는 모든 것을 온전히 바치고 남녀노소와 소와 양과 나귀를 칼로 멸했습니다. 그 성과 성 안에 있는 모든 것을 불사르고 여호와께 속한 은금과 동철 기구는 여호와의 곳간에 들였습니다.

기생 라합의 가족은 여호수아의 약속대로 살렸으므로 오늘까지 이스라엘에 거주하게 되었습니다. 또한 여호수아는 누구든지 여리고 성을 건축하는 자는 여호와 앞에서 저주를 받을 것이라고 선포합니다. 여호와께서 여호수아와 함께하시는 소문이 온 땅에 퍼져나갔습니다.

말씀을 관찰해 보겠습니다.

① 여호수와의 명령
여호수아는 "네가 어디로 가든지 네 하나님 여호와가 너와 함께하느니라"(수 1:9)라고 하신 여호와의 말씀을 항상 마음속에 간직하고, 여리고 성의 작전 계획을 두려움 없이 강하고 담대한 마음으로 말씀에 한 치의 어긋남 없이 준비하며 백성과 용사들에게 지시합니다.

②나팔 부는 제사장들

일곱째 날 일곱 번째 성을 돌 때 제사장들이 부는 양각나팔 소리는 백성에게 힘과 소망을 불어 넣어주는 승리의 나팔 소리였습니다.

③외치는 백성들

백성들은 승리를 확신하며 온전히 한마음 한뜻이 되어 제사장들의 나팔 소리만 기다리고 있었습니다. 양각나팔 소리에 맞춰 외치는 그들의 함성은 승리의 함성이라 하겠습니다. 승리는 여호와께서 이미 여호수아에게 약속하셨기 때문입니다.

④기생 라합

기생 라합이 여리고를 정탐하러 온 여호수아의 사자를 위험을 무릅쓰고 숨긴 것을 보면, 라합은 여호와께서 이스라엘 백성과 함께하고 계시다는 소문과, 여리고 성 사람들이 혼비백산한 모습을 보고 이미 여호와를 경외하고 있는 것을 알 수 있습니다.

⑤여리고 성

여호와 하나님의 은혜로 여리고 성을 점령한 믿음의 백성은 성 안에 있는 물건 중에 여호와께 속한 것을 구별하여 여호와 앞에 온전히 바쳐야 하며, 세상에 속한 것들은 남김없이 하나님의 검과 불로 깨끗이 멸하고 태움으로 여호와 하나님께 기쁨과 영광을 드려야 한다는 것을 깨닫게 되었습니다.

위에서 관찰한 내용을 간추려보면, 여호수아는 함께하시는 여호와를 믿고 오직 말씀에 따라 순종과 인내와 치밀한 계획으로 여리고 성 함락을 준비하는 것을 알 수 있습니다. 백성들은 하나님 안에서 한뜻으로 단결되어 하나님의 섭리에 따라 강하고 담대한 여호수아의 리더십에 순종하고 있는 것을 볼 수 있습니다.

나는 여호수아를 묵상하면서 나 자신에게 다음과 같은 질문을 던져보았습니다.

- 어려운 일이 닥쳤을 때 가장 힘들었던 것은 무엇이었는가?
- 두려움 때문에 할 것을 하지 못하고 미루고 있는 것이 무엇인가?
- 어떤 일을 하고자 할 때 자신이 없어 미리 포기하지는 않았는가?
- 중요한 일을 할 때 하나님의 뜻을 구하기 전에 내 뜻대로 하지는 않았는가?
- 먼저 치밀한 계획을 세우고 계획에 따라 순서대로 하고 있는가?
- 주님 안에서 늘 말씀에 순종하며 살고 있는가?

여리고 성은 여호와의 말씀에 순종한 백성에게 역사하신 하나님의 능력으로 무너졌습니다.

그렇다면 내 안에 있는 영적 여리고 성은 무엇인가?

나는 나 자신을 또다시 돌아보게 되었습니다.

경건치 못한 욕망이나 행실, 교만한 마음 혹은 시기 질투, 두려움, 열등감 또는 죄책감은 없는지 점검해 보았습니다.

이런 것들을 온전히 부수고 태울 수 있는 방법은 오직 하나님의 은혜입니다. 나는 너무나 부족하고 또 부족하지만 하나님이 항상 나와 함께 계심을 믿고 여호와께서 여호수아에게 말씀하신 "이 율법책을 네 입에서 떠나지 말게 하며 주야로 그것을 묵상하여 그 안에 기록된 대로 다 지켜 행하라 그리하면 네 길이 평탄하게 될 것이며 네가 형통하리라"(수 1:8)고 하신 말씀을 내 삶의 근간의 말씀으로 간직하기로 다시 다짐했습니다.

하나님의 말씀 안에서 살아갈 때 "여호와께서 함께하시니 여호수아의 소문이 그 온 땅에 퍼지니라"(수 6:27)고 하신 말씀이 나에게 이루어지리라 확신했습니다.

5) 하나님의 연단

하나님은 아브라함을 택하여 죄로 물든 고향을 떠나 당신이 인도하시는 땅으로 가서 구별된 삶을 살라고 하셨습니다. 그리고 축복의 언약을 주셨습니다. 야곱은 가나안 땅에 찾아온 극심한 가뭄을 견딜 수 없어 가족들을 이끌고 풍요로운 애굽 땅으로 이주했습니다. 그들은 애굽에서 430여 년의 긴 세월을 살면서 크게 번성하였습니다. 이 고난과 역경의 긴 세월도 하나님이 가장 선하신 방법으로 언약을 이루어가시는 과정이었습니다. 그런데도 그들은 하나님의 은혜를 모르고 애굽 문화와 풍요로움에 젖어 애굽의 우상을 숭배하고 있었습니다.

그럼에도 하나님은 아브라함과 이삭과 야곱에게 약속하신 언약을 이루시고자 모세를 택하여 그들을 출애굽시키셨습니다. 죄에 젖어 죄를 모르고 살아온 그들에게 십계명을 주시어 죄를 깨닫게 하셨고, 오직 하나님만을 경외하며 경건한 삶을 살도록 훈련을 시작하셨습니다.

새 집으로 이사온 지 얼마 되지 않았을 때의 이야기입니다.

지금까지 내가 받은 선물 중에서 뜻깊고 잊지 못할 선물이 있습니다. 오랫동안 큐티 나눔방에서 함께 은혜를 나누며 아름다운 교제를 하던 B전도사님이 뜨거운 여름날 땀을 흘리며 포도나무와 무화과나무를 가지고 찾아왔습니다.

나는 깜짝 놀라며 "웬일이냐?"고 물었더니 갑자기 오레곤 주로 이사를 가게 되었는데, 특별히 권사님이 생각나서 정성껏 가꾸던 나무를 선물하고 싶어 화분에 옮겨가지고 왔으니 두 나무를 기르면서 자기를 잊지 말라는 것이었습니다.

두 나무를 정원에 심은 지 2-3년 후 무화과나무는 얼마나 잘 자랐는지 이웃사람들도 오가며 따먹고 남을 정도로 먹음직스런 열매가 계속 풍성하게 열렸습니다. 포도나무는 곁가지를 잘라주었더니 포도송이가 탐스럽게 열렸습니다. 나는 포도나무를 볼 때마다 예수님이 말씀하신 "나는 포도나무요 너희는 가지라 그가 내 안에, 내가 그 안에 거하면 사람이 열매를 많이 맺나니 나를 떠나서는 너희가 아무것도 할 수 없음이라"(요 15:5)고 하신 말씀을 생각합니다. 우리가 포도나무 가지처럼 예수 그리스도와 연합되어 있으면, 예수님의 은혜로 우리 안에 하나님이 기뻐하시는 아름다운 열매가 풍성하게 열리게 됩니다.

이를 위하여 하나님은 우리에게 성경 말씀을 주셨습니다. 그러나 성경 말씀을 가슴으로 믿게 된다는 것은 쉬운 일이 아닙니다. 더욱이 사탄은 우리를 매혹적인 죄의 맛으로 끊임없이 유혹함으로 세상은 날로 깊은 흑암 속으로 빠져가고 있습니다.

사도 바울은 로마서 7장에서 이러한 사람의 마음을 잘 설명하고 있습니다. 선을 행하기 원하는 자기에게 악이 함께 있는 것, 즉 육과 영의 끊임없는 갈등을 깨달았다고 고백하고 있습니다. 속사람으로는 하나님의 법을 즐거워하나 지체 속에서 한 다른 법이 내 마음의 법과 싸워 지체 속에 있는 죄의 법이 자기를 사로잡는 것을 본다고 하며 "오호라 나는 곤고한 사람이로다 이 사망의 몸에서 누가 나를 건져내랴"고 호소합니다.

사도 바울의 고백에서 보는 바와 같이 죄가 얼마나 무서운 것인가를 알 수 있습니다. 사람은 한번의 잘못으로 영원히 씻지 못할 사탄의 종이 되었습니다. 그러나 이 죄도 화목제물로 이 땅에 오신 하나님의 독생자 예수 그리스도께서 십자가에서 흘리신 보혈로 성령 안에서 영원히 씻을 수 있습니다. 그러기에 사탄은 우리가 성령과 말씀 안에 깨어 있지 못하도록(요 13:10) 항상 유혹하고 있습니다. 사탄은 성령과 보혈로 거듭난 사람은 침범하지 못합니다. 이러한 과정이 바로 죄에서 자유롭게 되는 큐티, 즉 영성훈련입니다.

영성훈련은 우리에게 소망을 주며, 기쁨으로 소망을 이루도록 인격을 변화시키고 지혜와 능력을 갖게 합니다.

"우리가 환난 중에도 즐거워하나니 이는 환난은 인내를, 인내는 연단을, 연단은 소망을 이루는 줄 앎이로다"라는 로마서 5장 3-4절의 말씀과 같이 영성훈련은 일종의 훈련이기에 반드시 연단의 고난을 이겨야 합니다. 연단이 힘들면 힘들수록 믿음 위에 믿음이 자라 거룩한 영적 성장을 이루게 됩니다.

창세기 50장 20절을 보면 고난은 하나님의 은혜이며, 말씀 안에는 반드시 풍성하고도 신령한 복이 함께 있다는 것을 알 수 있습니다.

남편은 고난을 당할 때면 조각목을 생각하며 소망 안에서 감사하며 하나님 앞으로 더 가까이 나아간다고 말합니다. 조각목은 광야의 열악한 환경에서 모진 고난을 견디며 자라났기에 사람 눈에는 쓸모없게 보일지 모르나, 하나님이 보시기엔 귀히 쓸만한 나무이기에 깎고 다듬고 기름에 담그고 정금으로 장식까지 하여 성스러운 곳에 쓰이고 있습니다. 나는 힘든 고난으로 괴로울 때면 "내가 가는 길을 그가 아시나니 그가 나를 단련하신 후에는 내가 순금같이 되어 나오리라"(욥 23:10)는 말씀을 묵상하며 기도를 합니다. 나에게 소망을 붙들어주는 말씀으로 큰 위로가 되고 있습니다.

하나님은 내가 환난을 당하고 있던 중에 큐티 사역의 길로 인도해 주셨습니다. 죄로 물든 세상에서 살아간다는 것은 결코 만만치 않습니다. 그러나 큐티를 하면서 하나님 말씀, 곧 우리 주 예수 그리스도를 의지하고 그 길을 따라 살아갈 때 하나님은 연단을 통하여 세상을 이기며 살아갈 수 있는 지혜와 능력과 밝은 길로 인도해 주신다는 것을 체험적으로 확신하게 되었습니다.

믿음은 자라나야 하고 인격은 성숙되어야 합니다. 우리는 언제 어디에서 어떤 일을 당할지 모르는 생사화복의 테두리 안에 살고 있습니다. 성경에 나오는 인물들을 보면 하나님의 섭리 안에서 모진 역경과 고통을 인내하며 겪는 가운데 하나님의 언약이 드라마처럼 이루어지는 것을 수없이 볼 수 있습니다. 우리는 힘든 역경을 믿음으로 극복하는 영성훈련으로 자신의 성숙된 존재를 발견하는 참된 그리스도인이 되어야 합니다.

"우리 가정에 역사하신 하나님"

하나님은 죄로 인하여 고난을 당하는 우리에게 조건적 언약을 주셨습니다. 그러므로 우리가 당하는 고난은 때로는 감당하기 너무 힘들어 피할 수만 있다면 누구나 피할려고 합니다. 그 고난은 밀려오는 파도와 같이 피할 수 없이 겪어야 하는 연단입니다 그러나 믿음으로 인내하며 견딜 때 하나님은 언약의 소망을 이루는 통로로 바꾸어 주십니다.

우리는 하나님의 언약을 바라보며 살고 있습니다. 만일 우리가 전혀 고통 없는 삶을 산다면 소망할 것도 없으며 소망이란 말조차 필요없었을 것입니다. 아름답고 부족함이 없는 환경에 태어난 아담과 같이, 창조주 하나님을 모르고 자신의 본분도 모르고 감사할 조건도 모르기 때문에, 소망도 없이 무의미하게 살았을 것입니다. 그러므로 성자 하나님이 이 땅에 오실 필요도 없었을 것입니다.

우리가 지금까지 살아온 삶을 뒤돌아보면, 하나님은 우리가 당하는 고통을 통하여 언약을 이루어 주고 계신 것을 깨달을 수 있습니다.

　우리 가정이 살아온 40년의 믿음생활을 돌아보면, 하나님은 처음부터 우리 가정과 함께하셨다는 것을 알 수 있습니다.

　1975년 우리는 세 자녀를 데리고 미국으로 이주했습니다. 그 당시 우리는 해외에 나가기 어려운 조건이었으나 친척분의 도움을 받아 모 기업 계열회사의 지사장으로 미국으로 올 수 있었습니다. 전 가족이 미국으로 이주하기 전에 남편은 사업을 찾기 위하여 LA에 오래 체류하며 수시로 한국을 왕래하느라 이민을 올 때에는 경제적으로 여유가 없었습니다.

　우리 부부는 바닥 일부터 시작했습니다. 나는 피아노 레슨을 다녔고, 밤에는 아파트에서 바느질을 하였으며, 남편 역시 낮에는 사업을 알아보러 다녔고, 밤에는 나를 도와주었습니다. 그런데 이상한 것은 생활은 피곤하였으나 여유로웠던 한국에서의 삶과는 전혀 다른 생활과 마음가짐이었기에 오히려 소망을 바라보며 살 수 있었습니다.

　1977년 남편의 고등학교 동창의 소개로 선배님과 사업을 같이하게 되었습니다. 생활이 나아져 갔습니다. 얼마 후 선배님의 뜻에 따라 남편이 회사를 맡게 되었습니다. 그때 타주에 살고 있던 남편과 절친한 고등학교 동창이 LA로 이사와 우리를 교회로 인도했습니다. 믿음생활을 한 지 몇 년 후 1979년에 전혀 기대하지 않았던 유럽에 있는 글로벌 회사와 거래를 하게 되었습니다. 그리고 형제처럼 지내는 고등학교 선배님이 모 회사 LA 지사장으로 부임하여 정신적으로 큰 의지가 되었습니다. 사업은 날로 번창했습니다. 사는 집은 물론 LA 컨벤션센터 앞에 건물도 구입하게 되었습니다. 모두가 하나님의 은혜였습니다.

형편이 나아지자 남편은 사업을 핑계로 다시 술을 마시기 시작했습니다. 교통사고도 났습니다. 하나님의 연단이 다시 시작되었습니다. 멕시코에 있는 회사들과 많은 거래를 하고 있었는데 1982년 갑자기 멕시코의 페소가 상상할 수 없을 정도로 평가 절하되었습니다. 은행 금리는 크게 치솟아 졸지에 자금이 유통되지 않았습니다.

1983년 3월 1일 아침, 남편은 무거운 마음으로 회사 앞에 이르렀습니다. 회사 주변 일대가 정전이 되었으며 LA 컨벤션센터의 사인도 절반이 날라갔고, 우리 건물의 유리창과 지붕도 모두 부서졌습니다. 처음으로 LA에 회오리바람(tornado)이 지나간 것입니다. 자금이 돌지 않아 비가 오면 새는 지붕도 못 고치고 건물보험금 납부 기일도 며칠 지난 상황이라 남편은 앞이 캄캄했습니다. 혹시나 하여 회사 직원이 보험회사에 연락하였더니 천만다행으로 아직 보험이 유효했습니다. 보험회사에서 나와 부서진 건물을 임시로 고쳐주었고, 상품 재고도 조사해 갔습니다. 얼마 후 건물을 깨끗이 고쳐주었으며 재고도 모두 보상받았습니다. 참으로 하나님이 역사하신 놀라운 전화위복의 은혜였습니다.

남편은 집사로 피택된 후 술과 담배를 끊고 사업도 열심히 했습니다. 사업이 다시 일어나기 시작했습니다.

1985년 9월 19일 아침, 멕시코 시티에 날벼락과 같은 8.1의 지진

이 발생하여 봉제공장들이 건물 속에 묻혔습니다. 다시 천재지변을 당했습니다. 재기의 기쁨도 잠시였습니다.

1987년 2월 3일 새벽, 하나님은 나에게 꿈으로 소망의 말씀을 주셨습니다.

그후 LA 시에서 LA 컨벤션센터를 확장하기 위해 우리 건물을 수용하게 되었습니다. 우리는 받은 보상금으로 모든 부채를 정리하고도 여유가 있었습니다. 이처럼 우리 가정이 겪은 고난들이 모두 불가항력적이었던 점을 생각하면, 분명히 하나님은 우리 가정을 통하여 무엇인가를 이루시고자 연단하고 계시다는 확신이 들었습니다. 우리가 이러한 환난 중에도 칠전팔기할 수 있었던 일들을 돌이켜보면 모두가 하나님의 은혜인 것을 알 수 있었습니다. 특별히 하나님께 감사드리는 것은 되풀이되는 역경 중에도 세 자녀를 대학원까지 무사히 마치도록 은혜를 베풀어 주신 것입니다.

나는 이러한 연단 중에 하나님으로부터 소명을 받았으나 하나님의 뜻을 헤아릴 수 없을 뿐더러 고난을 극복하고자 저녁이면 수시로 기도원을 찾아갔습니다.

1990년 11월 11일, 하나님은 남편을 장로로 택하시고 우리를 계속 연단하셨습니다. 연단 중에도 감사한 것은 로스앤젤스 침례교회의 박성근 담임 목사님을 믿음의 멘토로 만나도록 인도해 주셔서 부족한 나를 세워주시고 용기를 주심에 감사했습니다.

하나님은 자랑스럽게 생각하였던 자녀들을 통하여 다시 성품과 믿음을 연단하셨습니다. 사랑하는 두 아들과 딸을 통하여 부모의 간절한 사랑과 소망 안에서 인내하는 기도의 훈련을 시켜주셨습니다. 오직 믿음 안에서 성실히 살아가는 것만이 성공적인 삶의 길인 것을 깨닫게 하셨습니다. 이제 우리 모두는 하나님의 신실한 자녀로 거듭났으며 현실을 용납하고 감사하고 기뻐하는 마음을 갖게 되었습니다.

이러한 하나님의 강권적인 연단이 있었기에, 나는 모든 것을 내려놓고 큐티를 지속하게 되었으며 《생명나무로 가는 길》이 영성훈련의 한 열매인 것을 깨닫고 하나님께 감사와 영광을 드립니다.

2015년은 우리 가정이 미국으로 이주한 지 40년이 되는 해였습니다. 그리고 2017년은 예수님을 그리스도로 영접한 지 40년이 되는 해입니다. 하나님은 이스라엘을 광야에서 40년 동안 연단하신 후에 약속의 땅 가나안을 허락하신 것처럼, 교회는 말씀과 연단 속에서 우리 가정을 새로운 피조물로 거듭나게 한 예수 그리스도의 피가 흐르는 하나님의 품이었습니다.

하나님이 우리 가정을 기회의 땅에서 새로운 삶과 새 생명으로 인도하신 것처럼, 받은 소명을 인내하며 신실하게 감당할 때 주실 열매는 마치 고난 속에 자라나는 영롱한 진주보다도 더욱 값있고 아름다우리라고 확신합니다. 할렐루야!

하나님과 어린양 우리 주님께 모든 영광을 드립니다.

"출애굽의 영성훈련"

출애굽기는 성경 66권의 축소판이라고도 할 수 있습니다. 그리고 출애굽을 통한 하나님의 영성 훈련은 예수님이 우리에게 가르쳐주신 기도의 내용을(마 6:9-13) 이루어가는 훈련이라고 하겠습니다. 즉 믿는 자들의 영혼이 잘 됨으로 그들에게 하나님의 언약이 이루어질 수 있도록 하시는 영성훈련입니다.

"하나님을 경외하는 마음"

사람들은 사는 동안 다양한 고난을 겪으며 살아갑니다. 고난을 당하면 좌절하기도 합니다. 그러나 믿음의 사람은 이스라엘과 함께 하시는 하나님이 우리에게도 함께하시어 모든 것들을 합력하여 선을 이루어주신다는 것을 믿어야 합니다(롬 8:28).

하나님은 준비하신 모세를 택하시어 열 가지 재앙으로 바로를 굴복시키시고 이스라엘 민족을 광야로 이끌어 내셨습니다. 홍해를 갈라 이스라엘을 모두 무사히 건너게 하셨고, 열악한 광야 생활 중에 많은 기사와 이적으로 그들을 보호하고 인도하심으로 다른 어떤 신보다 크고 전능하시다는 것을 알게 하셨습니다. 이스라엘로 하여금 임마누엘의 하나님을 알게 하셨습니다. 그들에게 "너는 나 외에는 다른 신들을 네게 두지 말라"(출 20:5), "…나 네 하나님 여호와는 질투하는 하나님…"(출 20:5)이라 하시며 계명을 주셨습니다. 예수님도 주기도문에 "하늘에 계신 우리 아버지여 이름이 거룩히 여김을 받으시오며"(마 6:9)라고 기도를 가르쳐 주셨습니다.

"공동체 의식"

우리에게 향한 하나님의 뜻은 주기도문의 "나라가 임하시오며 뜻이 하늘에서 이루어진 것같이 땅에서도 이루어지이다"(마 6:10)라고 하신 말씀과 같이 이 땅에 하나님이 통치하는 나라를 이루시는 것입니다. 하나님은 사람을 지으실 때 한 사람도 외모나 생각하는 마음을 똑같게 지으시지 않았습니다. 이것이 서로 조화를 이루며 살라는 하나님의 섭리입니다. 그러나 사람이 죄에 빠진 후부터는 그 다른 개성과 욕망이 보다 이기적인 성향이 되었습니다.

출애굽한 이스라엘 민족 역시 개성이 다른 사람들이 모인 무리에 불과했습니다. 그들은 귀골이 장대하고 강한 일곱 족속이 살고 있는 가나안을 정복할 수 없었습니다. 하나님은 이들을 먼저 광야로 끌어내시어 육적인 훈련은 물론 정신적으로 하나가 되게 하셨습니다. 성막(교회)을 중심으로 영성 훈련을 통하여 조직적이고(12지파) 특히 하나님을 경외함으로 영적으로 하나가 되는 공동체 의식을 갖게 하셨습니다. 임마누엘의 전능하신 하나님을 믿고 의지함으로 담대한 마음과 일사불란한 공동체가 되도록 하셨습니다(출 27:20-21).

"일용할 양식"

하나님은 메마르고 황량한 광야에서 이스라엘 민족에게 매일 아침에는 일용할 양식으로 만나를 그리고 원망하는 그들에게 고기 대신 메추라기를 공급하셨습니다. 이를 통해 알 수 있는 사실은, 하나님이 택하신 사람에게는 어떠한 환경에서도 일용할 양식을 공급해 주시는 하나님의 사랑을 깨달아 알고 의지하게 하신다는 점입니다.

주기도문에 "오늘 우리에게 일용할 양식을 주시옵고"(마 6:11)라고 하신 기도의 말씀처럼, 일용할 양식은 우리가 걱정한다고 얻어지는 것이 아닌 오직 하나님의 은혜임을 깨닫게 하십니다(마 8:31-32; 눅 12:29).

사람들은 일이 잘 될 때는 자신의 능력으로 잘 되는 것같이 생각하며 교만해지기도 합니다. 그러나 일이 힘들어지면 하나님 앞에 나와 무릎꿇고 통곡하며 도우심을 간구합니다. 하나님은 항상 불꽃과 같은 눈으로 우리를 살피시며 보호하시고 인도하십니다. 그러므로 비록 내가 열심히 일하여 얻은 열매라 할지라도 그것은 하나님이 베풀어주신 은혜임을 인정하고 감사해야 합니다(출 16:10, 12).

"인도와 보호"

하나님은 광야에서 이스라엘 민족보다 앞서 가시며 불볕이 내리쪼이는 뜨거운 낮에는 구름기둥으로, 추운 밤에는 불기둥으로 보호하고 인도해 주셨습니다(출 13:21-22).

고난을 당하고 있을 때 전혀 생각하지 않았던 사람이 나타나서 도와주거나, 또는 뜻하지 않게 여건이 바뀌어지며 막혔던 일이 순조롭게 풀려가는 것을 경험하였을 것입니다. 이것이 곧 하나님이 권능의 팔로 보호하고 계시는 은혜입니다(사 53:6). 우리는 양과 같이 미련하고 어리석습니다. 그러므로 "너희는 먼저 그의 나라와 그의 의를 구하라 그리하면 이 모든 것을 너희에게 더하시리라"(마 6:33)고 하신 예수님의 말씀과 같이 육신을 위한 물질이나 안일한 삶에 너무 집착하지 말고, 세상 사람들이 보기에는 어리석게 보일지 몰라도 먼저 하나님의 영광을 위하는 삶으로(사 43:7) 살아가는 것이 중요합니다.

큐티를 지속하면 믿음이 자라나고 성숙한 믿음으로 소망을 이루며 살 수 있습니다. 하나님 말씀 안에서 살아가면 지금까지 깨닫지 못했던 내면의 상처까지 치유되며 "사랑하는 자여 네 영혼이 잘됨같이 네가 범사에 잘되고 강건하기를 내가 간구하노라"(요삼 1:2) 하신 말씀과 같이 우리 안에 성령의 열매(갈 5:22-23)가 나타날 것입니다.

우리 속담에 "젊어서 고생은 돈 주고 사서도 한다"라는 말이 있습니다. 젊었을 때 고생을 체험한 사람은 현실을 냉정하게 바라볼 수 있고, 체험적인 지혜를 갖게 되어 인생을 성공적으로 살 수 있다는 격언이라 하겠습니다. 우리가 광야와 같은 세상을 살면서 피할 수 없는 고난들을 믿음과 소망으로 참고 견디는 것이, 바로 신령한 복을 누릴 수 있는 영성훈련의 격언이라고 하겠습니다.

"마라의 쓴물"
(출애굽기 15장 22-27절 말씀 묵상)

① 말씀 요약

하나님은 이스라엘을 출애굽시키시고 광야로 인도하셨습니다. 그 자유의 환희도 잠깐이고 홍해를 건너는 순간부터 예측할 수 없는 연단이 시작된 것입니다. 그들은 사흘을 걸었으나 물을 얻지 못하여 고통을 당하고 있는 중에 마라에 이르러 비로소 고대하던 샘물을 찾았습니다. 그러나 그 물은 마실 수 없는 쓴 물이었습니다. 크게 실망한 그들은 모세를 원망합니다. 그리고 여호와께 부르짖었습니다. 모세는 여호와께서 가르쳐 주신 대로 한 나무를 물에 던졌습니다. 그러자 쓴 물이 단 물로 변했습니다.

하나님은 이스라엘이 처음 당한 고통을 해결해 주신 후 그들의 삶을 시험하시고자 법도와 율례를 정해 주셨습니다. 그리고 "너희가 너희 하나님 나 여호와의 말을 들어 순종하고 내가 보기에 의를 행하며 내 계명에 귀를 기울이며 내 모든 규례를 지키면 내가 애굽 사람에게 내린 모든 질병 중 하나도 너희에게 내리지 아니하리니 나는 너희를 치료하는 여호와임이라"(출 15:26)고 언약을 하셨습니다.

하나님은 규례에 순종하기로 결단한 그들을 물샘 열둘과 종려나무 일흔 그루가 있는 엘림으로 인도하시고, 그들은 그곳에 장막을 쳤습니다.

② 나에게 주신 말씀

"이르시되 너희가 너희 하나님 나 여호와의 말을 들어 순종하고 내가 보기에 의를 행하며 내 계명에 귀를 기울이며 내 모든 규례를 지키면 내가 애굽 사람에게 내린 모든 질병 중 하나도 너희에게 내리지 아니하리니 나는 너희를 치료하는 여호와임이라"(순종과 의)

③ 말씀 묵상

여호와께서는 권능의 손으로 홍해에 길을 내시고 이스라엘을 안

전하게 건너게 하셨습니다.

그들은 홍해를 건너온 후 자유 안에서 기쁨이 넘치는 축제의 분위기였을 것입니다. 이제는 모든 고통이 끝났으며 앞으로는 소망을 이루며 모든 고통과 근심을 털어버리고 사는 것을 생각하였을 것입니다. 그러면서 얼마 동안은 노예생활에서 구원해주신 여호와를 마음껏 찬양하였을 것입니다. 그러나 그들은 하루 이틀 광야생활을 하면서, 기약도 없고 끝도 보이지 않는 황량한 광야생활이 시작된 것을 알게 된 후, 한편으로는 마음속으로 단단히 준비도 하고 각오도 하였을 것입니다. 그러한 그들이 처음으로 당하게 된 어려움이 마라의 쓴 물이었습니다.

생각해 보지도 못했던 쓴물을 만난 이스라엘의 심정이 어떠했을까 상상해 봅니다. 모세는 지도자로서 많은 사람들로부터 고통과 원망하는 소리를 듣고 있었지만 그 상황에서는 아무것도 할 수 없었습니다. 그는 오직 여호와께 간절히 부르짖는 일밖에 할 수 있는 일이 없었습니다. 얼마나 절박한 마음으로 부르짖으며 기도하였을까 묵상해 봅니다.

25절을 보면 모세가 가장 힘들었을 때 어떻게 하였는지 알 수 있습니다. 그는 여호와께 부르짖었습니다. 이에 여호와께서 응답하셨고 모세가 하나님의 지시대로 순종하였을 때 쓴 물이 단물로 변했습니다. 마라의 쓴물을 단물로 바꾸어주신 하나님의 놀라우신 사건을 목격한 이스라엘 민족은, 비록 볼 수 없는 하나님이시지만 홍해에 길을 내주신 전능하신 하나님이 자신들과 계속 함께하신다는 것을 깨닫게 되어 쾌히 규례에 순종할 것을 결단하였을 것입니다.

하나님이 아브라함과 이삭과 야곱에게 하신 언약을 장기적이고 단계적으로 이루어가신 것을 보면, 비록 하나님이 택한 사람이라 할지라도 그에게 언약을 이루어 주시기 위해서는, 그가 고난의 막다른 벼랑끝에 이르러 자신의 모든 것을 포기하고 하나님만을 의지할 때에 놀라우신 능력으로 역사하시는 것을 볼 수 있습니다. 마찬가지로 하나님은 이스라엘 민족이 가나안을 기업으로 받을 수 있는 자질을 쌓아 갈 수 있도록 먼저 법도와 율례를 주셨습니다. 하나님은 그들이 법도와 규례를 믿음으로 순종할 때 언약을 이루어 주실 것입니다. 그리고 하나님은 "나는 너희를 치료하시는 하나님이라"고 하시며, 하나님을 믿고 순종하는 사람들에게 소망을 주시는 분임을 확증하여 주셨습니다. 그리고 순종하기로 결단한 그들을 물샘 열둘과 종려나무 칠십 그루가 있는 엘림으로 인도하여 장막을 칠 수 있게 하셨습니다(27절).

하나님은 우리가 죄를 떠나 믿음 안에서 살도록 고난과 법도로 연단하십니다. 하나님의 연단과 기적은 하나님에 대한 믿음과 순종 없이는 소망을 이루어갈 수 없다는 것을 깨닫게 하십니다. 하나님은 연단을 이기는 자에게는 엘림과 같이 상상할 수 없는 복을 주시는 하나님이심을 알게 하여 주십니다.

나는 이 말씀을 통하여 먼저 '나는 어떻게 하여야 모세와 같이 하나님의 음성을 듣고 대화할 수 있을까?'를 깊이 묵상했습니다. 그리고 내가 사는 동안 마라의 쓴 물과 같은 환난을 당할 때, 모세와 같이 전인격적으로 하나님을 의지하고 부르짖으며 기도를 드리면, 하나님은 나에게 쓴 물을 단물로 바꾸어주시는 전화위복의 역사를 이루어 주신다는 소망 안에 거하게 되었습니다. 대부분의 사람들은 고통을 당하면 좌절하거나 그 고통을 피할 길을 찾습니다.

고통이란 견디기가 힘들뿐만 아니라 자신의 힘으로는 해결할 수 없기 때문에 피할 수만 있다면 피하려는 것이 우리의 심정입니다. 그러나 고난 가운데 있을 때 우리는 하나님 말씀 안에서 믿음과 인내로 기도하며 하나님의 인도하심을 기다려야 합니다. 고난은 믿음이 성숙되어가는 삶의 값진 밑거름입니다. 하나님은 연단의 고통을 인내하며 믿음을 쌓아가는 자를 선한 길로 인도해 주실 것입니다.

우리에게 마라의 쓴 물이 단물로 바꾸어질 수 없다는 생각과, 엘림이 눈에는 보이지 않고 불가능한 것처럼 느껴질지라도, 하나님은 "믿음은 바라는 것들의 실상이요 보이지 않는 것들의 증거"라고 하신 말씀과 같이, 하나님만 바라보는 믿음으로 인내하는 사람을 위하여 반드시 귀한 은혜를 예비하고 기다리고 계십니다. 마라의 쓴 물은 하나님이 이스라엘에게 미리 보여 주신 가나안의 예표이자 믿음으로 순종하는 사람에게 주시는 소망의 메시지이기도 합니다.

제2장

큐티는
누구나 할 수 있다

은혜로운 큐티

큐티는 특별한 방법이나 형식에 구애받지 않고 누구나 나름대로의 방법으로 자유롭게 할 수 있습니다. 그러나 처음부터 자유로운 방법으로 하게 되면 묵상과 적용에 발전이 별로 없으며 취미를 붙이기도, 지속하기도 어렵습니다. 마치 운동선수나 학생들이 정해진 방법에 따라 꾸준히 노력해야 만족할만한 결과를 얻을 수 있는 것과 같습니다.

큐티에는 정답이 없습니다. 그러나 나의 경험으로는 오래전부터 인용되고 있는 방법에 따라 하는 것이 효과적이라는 생각이 듭니다. 중요한 것은 성령의 감동에 따라 스스로 창의적으로 큐티를 꾸준히 하는 것이 신앙의 성장에 유익합니다.

처음에는 시간이 많이 소요되고 힘들지 모르나, 꾸준히 지속하면 희열과 기쁨이 샘솟고 믿음이 자라면서 큐티의 진미를 느끼게 되어 풍성한 열매도 맺을 수 있게 됩니다.

나의 경험으로는 스스로 본문의 제목도 정하고, 말씀을 요약하고, 묵상과 적용한 내용을 노트에 기록함으로 많은 은혜를 받고 신앙도 더욱 발전하였습니다. 그래서 저는 말씀 중에 이해가 잘 안 되는 내용은 참고문헌을 찾아가며 스스로 하는 큐티를 권장하고 싶습니다. 그런 다음 자신이 한 큐티 내용과 책의 내용을 비교해 보는 것이 바람직하며 발전성이 있다고 생각합니다.

월간 큐티 책에 쓰여진 말씀의 제목이나 묵상과 적용을 미리 읽고 큐티를 하면 만족할 만한 묵상과 인격의 변화나 치유를 기대하기가 어렵습니다.

큐티는 가급적이면 이른 새벽에 조용한 곳에서 하는 것을 권장합니다. 이른 새벽에 하는 것이 다른 시간에 하는 것보다 아래와 같은 유익이 있기 때문입니다.

- 하루의 첫 시간을 하나님과의 만남으로 시작할 수 있다.
- 맑은 정신과 정결한 마음으로 말씀 묵상에 집중할 수 있고 진솔한 적용을 할 수 있다.
- 부지런한 생활 습관으로 긍정적인 생각과 자신감이 생긴다.

이른 아침에 하는 것이 어려울 경우에는, 부담감을 가지지 말고 시간에 구애받지 않는 자유로운 시간에 조용한 장소에서 하는 것도 방법입니다.

또 큐티를 할 때는 먼저 성령님의 도우심을 간구해야 합니다. 내 지식과 의지로 하는 것과 성령님의 도움으로 하는 큐티는 전혀 다른 결과를 가져옵니다.

1. 큐티에 임하는 자세와 방법

1) 큐티에 임하는 자세

큐티를 시작하기 전에 눈을 감고 고요한 마음으로 세상적인 생각이나 삶의 환경, 내면의 상처(두려움, 시기, 질투, 분노, 조바심, 실망감, 열등감, 거절감, 죄책감)에서 떠나 성령님의 임재를 기다려야 합니다. 성령님이 함께하셔야 말씀을 가슴으로 읽을 수 있습니다. 언젠가 큐티를 계속하고 있는 집사님을 만났는데, 집안에 힘든 일이 생겨 말씀을 묵상하려 하여도 도무지 보이지도 읽혀지지도 않는다고 하여 함께 기도를 드린 적이 있습니다. 우리는 하나님 앞에 어려운 형편을 있는 그대로 아뢰고 하나님의 은혜를 간구했습니다. 그 집사님처럼 힘든 형편으로 큐티할 기분이 나지 않을지라도 의지적으로 말씀을 붙들고자 하는 노력이 바람직합니다. 오늘 살아갈 영의 양식과 삶에 다가오는 어려움을 해결할 수 있는 길은 오직 기도와 말씀뿐이기 때문입니다.

그러나 그것조차 여의치 않을 경우에는 모든 것을 내려놓고 편한 마음으로 기도하며 잠시 휴식을 취하는 것도 방법이라고 하겠습니다. 지금은 성령 시대입니다. 성령님이 우리에게 모든 것을 가르치시고 예수님이 우리에게 말씀하신 모든 것을 생각나게 하시기 때문입니다(요 14:26). 성령님이 우리 안에 임하지 않으면 하나님의 뜻에 따르는 큐티를 할 수 없을 뿐만 아니라 내 뜻에 따르는 아전인수적(我田引水的)인 큐티를 하는 경향으로 되기 쉽습니다. 그러므로 "나의 영이 잠잠히 하나님만 바람이여 나의 구원이 그에게서 나오는도다 오직 그만이 나의 반석이시요 나의 구원이시요 나의 요새이시니 내가 흔들리지 아니하리로다"(시 62:1-2)라고 하신 말씀처럼 성령님의 임재를 간절히 사모해야 합니다. 성령이 충만하면 성령님이 이끄시는 대로 순종하게 됩니다.

우리는 큐티를 효과적으로 하기 위하여 마음의 준비가 필요합니다.

"갈급한 심령, 통회하는 마음"

언젠가 TV에서 한 유명한 남자 가수가 초췌한 모습으로 경찰에게 끌려가는 것을 보았습니다. 호화스런 집과 고급 자동차도 보여 주었습니다. 이처럼 사람들은 부유한 생활을 하면서도 마음에는 항상 그 무엇인가를 계속 추구하는 욕망을 끊지 못하고 있습니다. 우리는 흔히 욕망의 변화에 따라 삶이 상상치도 못한 방향으로 끌려가는 것을 경험하였을 것입니다. 문제는 내 삶의 주인이 누구인지가 확실하지 않기 때문입니다. 하나님을 의지하지 않는 삶은 모래 위에 세우는 성처럼 어느 날 갑자기 무너질 수 있습니다. 우리의 내면에는 고집스런 자아가 견고히 자리 잡고 있습니다. 예수님은 우리의 심령이 가난하고 애통하는 마음으로 말씀을 사모할 때 하나님의 복과 위로를 받는다고 하셨습니다(마 5:3-4).

"정결한 마음, 정직한 영"

물이 맑으면 작은 물고기의 지느러미까지도 잘 볼 수 있고, 유리창이 깨끗하면 창밖의 경치를 선명하게 볼 수 있습니다. 이처럼 우리 영이 맑아야 영적인 눈이 열리어 모든 것을 사실 그대로 보고 판단할 수 있습니다. 그러므로 큐티를 시작하기 전에 성령님의 임재를 간구하는 기도와 찬송과 회개의 기도를 하는 것이 중요합니다. 주님의 보혈로 정결케 씻겨져야 하나님의 축복이 임할 수 있기 때문입니다.

"우슬초로 나를 정결하게 하소서 내가 정하리이다 나의 죄를 씻어 주소서 내가 눈보다 희리이다"(시 51:7).
"하나님이여 내 속에 정한 마음을 창조하시고 내 안에 정직한 영을 새롭게 하소서"(시 51:10).

"성경 말씀을 지금 나에게 하시는 하나님 말씀(Rhema)으로 받는 마음"

"하나님의 말씀을 받을 때에 사람의 말로 받지 아니하고 하나님의 말씀으로 받음이니"(살전 2:13).
오늘 말씀을 다른 사람이 아닌 지금 나에게 하시는 말씀으로 받아야 합니다. 어떤 말씀이든 주시는 대로 '아멘'으로 받아야 합니다. 말씀을 그대로 받기까지는 쉽지가 않습니다. 좋아하는 말씀만 골라서 내 뜻에 맞추는 큐티는 하나님의 뜻에 합당한 큐티가 아닙니다. 말씀이 내 생각에 너무나 어처구니 없는 말씀이라든지, 나와는 상관 없는 말씀 같을지라도 또는 감당하기 힘든 말씀이라 할지라도 말씀이 마음에 감동되면 그 말씀에 마음을 열어야 합니다. 때로는 몇 년이 지난 후에 그 말씀의 뜻을 알게 되는 경우도 있습니다.

이러한 자세로 말씀을 받을 때 그 말씀은 "살았고 운동력이 있어 좌우에 날선 검보다 예리하여 혼과 영과 및 관절과 골수를 찔러 쪼개기까지 하며 또 마음의 생각과 뜻을 감찰"(히 4:12)하시는 능력의 말씀으로 역사하게 됩니다.

"순종하는 마음"

아담과 하와가 하나님 말씀에 불순종한 죄는 사람의 능력으로는 영원히 씻을 수 없습니다.

사무엘상 15장 22절에서 사무엘은 "여호와께서 번제와 다른 제사를 그의 목소리를 청종하는 것을 좋아하심같이 좋아하시겠나이까 순종이 제사보다 낫고 듣는 것이 수양의 기름보다 나으니"라고 말씀하고 있습니다. 사도행전 5장 29절에 베드로와 사도들이 "사람보다 하나님께 순종하는 것이 마땅하니라"라고 한 것같이 우리는 하나님의 말씀에 기쁨과 감사함으로 순종하여야 합니다.

"자신을 비운 마음"

우리의 심령이 진흙과 같이 되어야 하나님 말씀에 순종할 수 있습니다.

"그러나 여호와여, 이제 주는 우리 아버지시니이다 우리는 진흙이요 주는 토기장이이시니 우리는 다 주의 손으로 지으신 것이니이다"(사 64:8).

예수님께서 "누구든지 나를 따라오려거든 자기를 부인하고 자기 십자가를 지고 나를 따르라"(마 16:24)고 하신 말씀과 같이 나 자신을 비워야 하나님 말씀에 순종할 수 있습니다. 자신을 비우는 것은 쉬운 일이 아닙니다. 성령의 감화로 영이 깨어 있어야 가능합니다. 비우면 비울수록 하나님 앞으로 더 가까이 갈 수 있게 됩니다.

"의지적인 마음"

어떤 사람이 큐티를 잘하는 사람이냐고 나에게 묻는다면 주저없이 꾸준히 지속하는 사람이라고 말하겠습니다. 어떤 훈련이든 역경을 인내하며 꾸준히 계속하는 의지가 절대적으로 필요합니다. 올림픽 경기에서 금메달을 목에 건 선수들을 봅니다. 그 영광의 뒤에는 금메달이란 목표를 바라보고 오랫동안 강한 훈련을 감내하는 꾸준한 노력이 있었습니다. 입지적으로 성공한 사람들의 간증을 들어보면, 공통적인 주된 내용은 역시 한눈 팔지 않고 꾸준히 한 우물만 파면서 살아온 결실이라고 말하는 것을 자주 들었습니다.

우리가 아는 바와 같이, 하나님은 430여 년간 애굽에서 노예생활을 하면서 애굽 문화에 젖은 이스라엘을 출애굽시켜 곧바로 약속하신 땅 가나안으로 인도하지 않으셨습니다. 오히려 험난한 광야에서 40년이란 긴 세월 동안 고도의 영적 훈련을 통하여 하나님을 알게 하셨고, 믿음으로 영육간의 인격이 성숙되었을 때 비로소 가나안으로 인도하셨습니다.

지금까지는 하나님의 은혜와 평강이 임하는 큐티를 위한 준비과정을 알아 보았습니다. 이제부터는 큐티 나눔방과 세미나의 경험을 중심으로 누구나 쉽게 할 수 있는 큐티 방법을 나누어 보려 합니다.

2) 큐티의 방법

큐티는 성령의 감화 감동에 따라 하는 것이 자연스럽습니다. 큐티를 숙제를 하듯 부담감으로 하면 지식적인 큐티가 되기 쉽습니다. 한동안은 혼자서 열심히 하다가 곧 한계와 무미함을 느끼게 되어 중단하는 성도들을 많이 보았습니다. 그러나 큐티를 처음 시작하는 사람들은 큐티의 맛을 느낄 때까지 형식에 따라 지속하는 훈련이 필요합니다. 내면의 상처로 메마른 영혼에 하나님 말씀이 능력이 되어 치유와 회복이 이루어진다는 믿음과 소망을 갖고 전심으로 매달려야 합니다.

이에 대해서는 큐티 나눔에서 좀더 상세히 말씀드리겠지만, 나눔방에 모여 은혜를 나누는 것이 치유와 회복에 얼마나 효과적인지 알 수 있을 것입니다.

큐티를 하는 방법에는 몇 가지가 있으나, 나는 보편적으로 사용되고 있는 5단계의 PRESS 방법으로 하고 있습니다. 이 방법이 물이 흐르듯 자연스럽고 발전적이었습니다(내용 중 일부는 유진소 목사님의 저서 《말씀과 함께, 하나님과 함께》에서 인용하였음).

- Pray for Moment(시작을 위한 기도)
- Read His Word(읽기와 관찰)
- Examine His Word(말씀의 묵상)
- Say back to God(말씀의 적용)
- Share with others(나눔)

큐티는 오늘 받은 말씀을 묵상하여 삶에 적용하기 때문에 전날의 본문 말씀과 연결없이 독립적으로 말씀을 묵상하게 됩니다. 예를 들면, 창세기를 큐티할 때에는 창세기 전체를 미리 통독하는 것이 큐티를 하는 데 크게 도움이 됩니다. 성경 말씀의 어느 장을 큐티할 때에는 그 장 전체를 한 번 읽고, 말씀의 내용과 전개되는 흐름을 머릿속에 기억하며 큐티를 하는 것이 바람직합니다.

그런 점에서 큐티할 때는 기록하는 것이 매우 중요합니다. 노트에 기록하게 되면 훗날 한 권의 귀중한 믿음의 자서전이 될 수 있습니다. 성령의 감동으로 받은 말씀과 묵상과 적용을 진솔하게 기록하다 보면, 생각하지 못했던 일들이나 잊었던 기억들이 되살아날 때가 있습니다.

나 역시 처음 큐티를 시작할 때부터 기록하지 않았다면, 이 책을 준비할 엄두도 내지 못했을 것입니다. 생각은 그때가 지나면 잊혀지고 정리하기도 쉽지 않습니다. 어느 날 전에 한 큐티 노트를 다시 읽어보면서, 나 자신도 새삼스럽게 은혜받는 경우가 많았습니다. 그리고 같은 성경 말씀이라도, 현재 자신의 믿음과 처해 있는 상황에 따라 느낌과 받는 말씀이 달라지는 경우를 많이 경험했기 때문에, 큐티 노트는 소중한 나의 영성 일기책이 되는 것입니다.

2. 찬송과 기도

1) 찬송(Hymn)

큐티 시간은 하나님과 내가 지성소에서 만나는 경건한 시간입니다. 큐티를 시작하기 전에 잠시 큐티를 위한 기도를 드립니다.

큐티를 밭에 씨를 뿌리는 것에 비유한다면, 찬송과 기도는 마음밭을 옥토로 만드는 과정이라고 할 수 있습니다.

찬송은 큐티에 임재하실 하나님의 성호를 높여드리며 영광과 존귀와 순종의 마음을 드리는 순서이므로, 먼저 정직한 영과 정결한 마음으로 찬양을 드려야 합니다. 찬송의 가사 안으로 들어가 가사 내용이 나의 고백이 되어야 합니다. 찬송으로 은혜를 받으면 마음이 열리고 기도 문이 열립니다. 찬송과 기도의 순서는 성령님의 인도에 따라 바꾸어질 수도 있습니다.

가능하면 본문 말씀과 연관되는 내용의 찬송이나, 때로는 특별히 성령님이 마음에 감동을 주시는 찬송을 부르는 것이 은혜스럽습니다.

찬송을 은혜스럽게 부르면 성령이 충만하여 하나님께 나아가는 길이 열리며, 의식적인 기도가 성령이 인도하는 기도로 바꾸어지는 것을 느낄 수 있습니다. 때로는 하나님의 음성도 들을 수 있습니다. 말씀이 내 안에서 능력의 말씀(rhema)으로 역사하게 됩니다. 큐티는 처음부터 성령님의 인도하심에 나를 온전히 맡기고 나아가야 풍성한 은혜가 임하게 됩니다.

"내 영혼아 여호와를 송축하라 내 속에 있는 것들아 다 그의 거룩한 이름을 송축하라 내 영혼아 여호와를 송축하며 그의 모든 은택을 잊지 말지어다 그가 네 모든 죄악을 사하시며 네 모든 병을 고치시며 네 생명을 파멸에서 속량하시고 인자와 긍휼로 관을 씌우시며"(시 103:1-4).

"또 모든 열방들아 주를 찬양하며 모든 백성들아 저를 찬송하라"(롬 15:11)는 말씀처럼, 큐티의 시작은 성령의 인도하심으로 시편 103편 1-4절 말씀과 같이, 모든 말과 묵상이 주께 열납되기를 바라는 마음으로 하나님의 성호를 찬양하며 나아가야 합니다.

2) 기도(Pray)

기도는 하나님과 교통하는 영적 호흡입니다. 기도를 통해 우리는 사탄의 권세와 죄로 물든 세상에서 실족하지 않고 하나님의 뜻에 합당한 삶을 살 수 있도록 회개하며 하나님의 섭리와 은혜를 간구합니다. 또 하나님께서 긍휼하심과 사랑으로 임하여 빛과 진리와 생명의 형통한 길로 인도하여 주시기를 간구하는 것입니다. 일반적으로 기도의 내용은 먼저 하나님의 위대하신 성호를 높이며 지금까지 베푸신 은혜에 감사를 드림으로 시작합니다. 그리고 기도는 반드시 중보자이신 예수님의 이름으로 드려야 합니다.

우리들은 간혹 스스로 지혜롭고 현명하다고 생각할지 모르나, 지난 삶을 뒤돌아보면 자신이 판단했던 일들이 얼마나 잘못 살아왔는지를 알고 후회한 적이 있었을 것입니다. 우리는 모두가 양과 같이 어리석기 때문에 무슨 일을 하든지 먼저 기도로 하나님의 뜻을 헤아려야 합니다. 내 뜻이 아닌 하나님의 인도하심에 순종하는 것이 형통할 수 있는 방법이기 때문입니다.

구약에 보면 여호수아가 하나님의 뜻을 헤아리지 않고 자신의 판단대로 결정한 후 기브온 거민들에게 속은 것을 알고 후회하는 장면을 볼 수 있습니다(수 9장).

기도는 습관화되어야 합니다.

"모든 기도와 간구를 하되 항상 성령 안에서 기도하고"(엡 6:18)라는 말씀같이 영이신 하나님과 교통하기 위해서는 내가 아닌 성령님이 입술을 주장하셔야 하나님의 뜻에 합당한 기도를 드릴 수 있습니다. 찬양과 기도는 성령님이 역사하시기 때문에 하나로 이어집니다.

그리고 큐티를 하기 전에는 먼저 염려와 근심, 걱정, 무거운 짐을 예수 그리스도의 십자가 앞에 내려놓고(마 6:25-34) 마음과 영을 깨끗하고 맑게 하여 열린 영으로 하나님의 음성을 들을 수 있기를 간구해야 합니다. 모든 사람을 용서하는 마음으로 드려야 하며, 하나님과 어린양 예수님이 계신 하늘 보좌를 바라보며 '말씀에 순종하겠다'는 결단으로 드려야 합니다.

또한 형식에 얽매이지 말고 하나님을 경외하며 친근하고 편안한 마음으로 드려야 합니다.

눈을 감고 고요한 마음으로 드리면, 세상의 탐욕과 유혹을 떠나 하늘 보좌만 바라보게 되고, 영의 눈이 열리어 형이상학적(形而上學的)인 영원한 곳을 바라볼 수 있습니다. 기도를 지속하다 보면 성령님이 역사하시어 하나님의 임재를 느끼게 되고, 하나님을 의지하면

할수록 기도가 자유로워지는 것을 느끼게 될 것입니다.

간혹 기도의 문이 잘 열리지 않아 기도의 맥이 자연스럽게 흐르지 않을 때에는 먼저 기도문을 가로막고 있는 것들을 물리치는 기도를 해야 합니다. 그러면 성령님이 역사하여 기도의 문이 열리게 됩니다.

이때 중요한 것은 기도의 내용이 하나님 뜻에 합당한 내용이어야 합니다. 이러한 기도는 마치 나무의 묵은 껍질이 찢겨지고 벗겨짐으로 거목으로 자라나듯이, 나의 껍질도 십자가 앞에서 찢겨지고 벗겨지는 은혜가 임할 때 인격이 성숙하게 됩니다.

예수님은 기도에 대하여 "너는 기도할 때에 네 골방에 들어가 문을 닫고 은밀한 중에 계신 네 아버지께 기도하라 은밀한 중에 보시는 네 아버지께서 갚으시리라 또 기도할 때에 이방인과 같이 중언부언하지 말라 그들은 말을 많이 하여야 들으실 줄 생각하느니라 그러므로 그들을 본받지 말라 구하기 전에 너희에게 있어야 할 것을 하나님 너희 아버지께서 아시느니라"(마 6:6-8)고 말씀하셨습니다.

골방 기도는 누구의 방해도 받지 않으므로 자유롭고 자존심도 상하지 않으며 하나님과 진솔한 교제가 이루어집니다.

예수님은 마태복음 7장 7-11절에서 "구하라 그러면 너희에게 주실 것이요 찾으라 그러면 찾을 것이요 문을 두드리라 그러면 너희에게 열릴 것이니 구하는 이마다 얻을 것이요 찾는 이가 찾을 것이요 두드리는 이에게 열릴 것이니라 너희 중에 누가 아들이 떡을 달라 하면 돌을 주며 생선을 달라 하면 뱀을 줄 사람이 있겠느냐 너희가 악한 자라도 좋은 것으로 자식에게 줄 줄 알거든 하물며 하늘에 계신 너희 아버지께서 구하는 자에게 좋은 것으로 주시지 않겠느냐"라고 말씀하십니다.

하나님 앞에 기도를 드릴 때에는 적극적이고 전인격적인 자세로 기도하라는 말씀입니다.

구약에서도 하나님과 씨름하는 야곱의 모습이나, "죽으면 죽으리라"는 에스더의 금식기도나, 엘리야의 기도, 그리고 "그렇게 하지 아니하실지라도"라는 다니엘의 믿음이나 특히 시편에는 여호와께 기도드릴 때 '부르짖다'라는 기도의 자세를 사십 번 이상 말하고 있습니다. 이 모두가 적극적이고 전인격적인 기도의 자세입니다.

그리고 기도는 "너희가 내 안에 거하고 내 말이 너희 안에 거하면 무엇이든지 원하는 대로 구하라 그리하면 이루리라"(요 15:7)고 하신 말씀과 같이 예수님과 일체가 되어 드릴 때 풍성한 은혜를 내려 주십니다(마 15:21-28).

마지막으로 기도는 "나의 원대로 마시옵고 아버지의 원대로 하옵소서"(마 26:39, 42, 44)라고 하신 말씀과 같이 하나님의 뜻에 순종하겠다는 마음으로 예수님 이름으로 드려야 합니다(요 14:14).

기도는 영적 훈련에서 중요한 기본적인 것이므로 기도로 삶을 끊임없이 받쳐주어야 합니다.

기도와 말씀의 비중을 저울로 달 때 어느 쪽으로도 기울어지 않도록 기도에 힘써야 하겠습니다. 그리고 기도를 어떤 방향으로 하느냐에 따라 삶의 질이 결정되기도 합니다. 그러므로 항상 자신을 십자가의 길로 인도해야 합니다. 십자가는 우리의 잘못된 삶을 하나님의 뜻에 합당하도록 회복시키시는 유일한 능력이며 길이기 때문입니다.

3. 읽기 및 관찰(Read his word)

읽기와 관찰은 옥토에 씨 뿌리는 과정이라고 할 수 있습니다. 큐티를 알기 전에는 매스컴이나 CD 또는 부흥집회에 참석하며 은혜 생활을 했습니다. 돌이켜보면 믿음생활에 많은 도움이 되었습니다. 그러나 이렇게 받은 은혜는 들을 때는 충만한 듯 하나 얼마간의 시간이 지나면 마음이 다시 갈급해졌습니다.

나는 큐티를 시작한 지 얼마 되지 않아 요한복음 1장을 읽던 중 "태초에 말씀이 계시니라 이 말씀이 하나님과 함께 계셨으니 이 말씀은 곧 하나님이시니라"를 보는 순간, 창세기 1장에 나오는 하나님이 천지를 창조하실 때 "이르시되"라고 하신 말씀으로 창조하신 말씀이 떠올랐으며 '아멘'으로 받았습니다. 성경이 곧 하나님의 말씀이라고 믿게 되었습니다.

어느 날 히브리서 4장을 큐티하고 있는데 12-13절 말씀이 하나님의 음성처럼 느껴졌으며, 그때부터 말씀을 묵상할 때면 말씀이 심령에 능력으로 역사하는 느낌이 들었습니다.

성경은 단순히 기록한 경전이 아닙니다. 하나님의 감동으로 쓰여진 하나님의 말씀입니다. 그러므로 말씀을 읽을 때는 성령님의 도우심을 의지하여 영으로 읽을 것을 권장합니다.

그러면 "하나님의 말씀은 살아 있고 활력이 있어 좌우에 날선 어떤 검보다도 예리하여 혼과 영과 및 관절과 골수를 찔러 쪼개기까지 하며 또 마음의 생각과 뜻을 판단하나니 지으신 것이 하나도 그 앞에 나타나지 않음이 없고 우리의 결산을 받으실 이의 눈 앞에 만물이 벌거벗은 것같이 드러나느니라"(히 4:12-13)는 말씀처럼 능력으로 역사하는 것을 체험할 수 있을 것입니다.

또한 말씀이 하나님의 음성으로 들리며 자신이 알지 못했던 내면의 상처들이 드러나게 됩니다.

"오직 하나님이 성령으로 이것을 우리에게 보이셨으니 성령은 모든 것 곧 하나님의 깊은 것까지도 통달하시느니라"(고전 2:10).

"우리가 하나님께 끊임없이 감사함은 너희가 우리에게 들은 바 하나님의 말씀을 받을 때에 사람의 말로 받지 아니하고 하나님의 말씀으로 받음이니 진실로 그러하도다 이 말씀이 또한 너희 믿는 자 가운데에서 역사하느니라"(살전 2:13).

가능하면 본문 말씀을 읽기 전에, 본문이 속해 있는 성경 말씀에 흐르고 있는 하나님의 뜻이나, 또는 속해 있는 장(章)에 흐르고 있는 장면과 하나님의 뜻을 미리 파악하고 머릿속에 생각하며 읽는 것이 큐티에 크게 도움이 됩니다.

본문을 읽을 때는 하나님이 지금 나에게 하시는 진리와 생명과 소망을 주는 말씀을 듣고 있는 순간이므로 지성(知性)과 감성(感性)과 의지(意志)로써 자신이 말씀 안에 있는 주인공이나 한 인물이 되어 경청하는 자세로 읽는 것이 중요합니다.

말씀 안에 펼쳐진 장면을 그려보면서 의문이 있으면 던져보고 말씀에 흐르는 핵심적의 말씀을 찾으면서 관찰합니다. 또 말씀의 뜻이 깨달아질 때까지 반복하여 읽습니다.

특별히 마음에 와닿는 말씀, 깨달은 말씀, 의문이 생기는 말씀이 떠오르면 그 말씀 밑에 줄을 긋고 계속 읽으며 관찰합니다.

관찰을 잘하면 좋은 묵상으로 이어집니다. 관찰은 상상력을 동원하여 세심하게 해야 합니다. 말씀을 관찰할 때는 내가 말씀의 현장 가운데로 빨려 들어가서 내 마음이 말씀 속에서 활동하는 것을 느낄 수 있게 됩니다. 그러기 위해서는 본문의 상황들이 이해될 때까지 몇 번이고 읽어야 합니다. 처음 읽을 때에는 이해가 잘 되지 않을 경우도 몇 번이고 문맥을 생각하며 읽다 보면 성령님의 도우심으로 이해하게 됩니다.

어느 날 큐티를 하면서 예전에 전혀 상상치도 못했던 현상을 체험했습니다. 내 옆에 또 다른 나와 같은 존재가 있는 것을 느꼈습니다. 전에는 상상조차 할 수 없었던 현상이었습니다.

어느 날 큐티를 할 때 많은 사람 중에 예수님을 보려고 뽕나무에 올라갔던 삭개오를 생각했습니다. 인물이 그렇게 잘 생긴 것 같지도 않고 키는 작달막하고 생각과 행동은 남보다 체신 없이 빠른 것 같은 것이 지금 시대에 잘 어울리는 사람으로 느껴졌습니다. 어떻게 성경 속의 인물을 지금 만나볼 수 있겠습니까? 그러나 나에게는 삭개오가 전에 실제로 만났던 사람처럼 머릿속에 그려지고 기억이 되었습니다. 어느 주일 아침 교회로 가던 중 길을 걸어가는 사람을 보며 그 사람이 꼭 삭개오같이 착각되어 남편과 함께 웃었던 일이 있었습니다.

그리고 사무엘상·하를 계속 묵상할 때였습니다.

큐티 나눔방에서 다윗에 대하여 묵상하는데 모두 한결같이 다윗에게 정이 들었습니다. 밧세바와 바람이 나고 살인까지 하여 실망은 되었지만 남자다운 너그러움과 시적인 감성과 신실한 믿음,

인내와 포용력, 용서함과 담대함 등 그의 멋스런 성품에 마음을 흠뻑 빼앗기며 함께 묵상하고 나누었던 기억이 납니다.

이처럼 관찰은 지금도 살아 움직이며 성경 속 인물이 친숙하게 옆에 있는 사람처럼 느껴지게 됩니다.

말씀을 읽고 관찰할 때 유의할 사항입니다.

● 내가 본문에 나오는 인물이나 주인공이 되어 읽습니다.
● 상상하며 마음의 눈으로 읽으며 본문 전체의 흐름과 내용을 파악합니다.
● 본문의 제목을 달아봅니다.
● 오늘의 말씀을 요약해 봅니다.
● 단락으로 나누어 관찰합니다.
● 단어 하나하나와 접속사 등을 세심하게 관찰합니다.
● 의문이나 이해가 잘 안 될 때에는 참고 서적 등을 보며 뜻을 알고 읽으면 전체의 문맥을 확실히 파악할 수 있습니다.
● 강조하는 단어, 반복되는 단어, 말씀 또는 대조되는 말씀에 유의할 필요가 있습니다.
● 특별히 저자가 전하고자 하는 내용이 무엇인가를 파악해야 합니다.
● 5W1H 원칙(WHO, WHEN, WHERE, WHAT, HOW, WHY)으로 점검해 봅니다.
● 보편적으로는 가장 마음에 와닿는 말씀을 붙잡습니다.

그리고 마지막으로 나의 삶이나 성품을 오늘의 말씀에 비추어보며 마음으로 읽고 관찰하면 성령의 감동으로 묵상이 자연스럽게 이어지게 됩니다.

읽기와 관찰의 실례로, 큐티를 처음 배울 때 실습하였던 빌립보서 4장 4-7절 말씀으로 나누어 보려고 합니다.

"주안에서 항상 기뻐하라. 내가 다시 말하노니 기뻐하라 너희 관용을 모든 사람에게 알게 하라 주께서 가까우시니라 아무것도 염려하지 말고 오직 모든 일에 기도와 간구로 너희 구할 것을 감사함으로 하나님께 아뢰라 그리하면 모든 지각에 뛰어난 하나님의 평강이 그리스도 예수 안에서 너희 마음과 생각을 지키시리라."

관찰을 하기 위하여 먼저 빌립보서 전체나 아니면 4장에서 사도 바울이 말하고자 하는 내용을 파악해야 합니다. 본문을 말씀의 내용과 흐름에 따라 나눌 수 있는 대로 나누어 노트에 적으며 하나하나 관찰해 나아갑니다. 관찰할 때 내 의견이나 설명을 넣지 않고 말씀 그대로를 나누어 적습니다.

"주 안에서 항상 기뻐하라."

(주 안에서 / 항상 / 기뻐하라로 나누어 봅니다.)

"내가 다시 말하노니 기뻐하라."

(내가 / 다시 / 말하노니 / 기뻐하라로 나누어 봅니다.)

"너희 관용을 모든 사람에게 알게 하라 주께서 가까우시니라."

(너희 관용을 / 모든 / 사람에게 / 알게 하라 / 주께서 / 가까우시니라로 나누어 봅니다.)

"아무것도 염려하지 말고 하나님께 아뢰라."

(아무것도 / 염려하지 말고 / 하나님께 아뢰라로 나누어 봅니다.)

"오직 모든 일에 기도와 간구로 너희 구할 것을 감사함으로 하나님께 아뢰라."

(오직 / 모든 / 일에 / 기도와 / 간구로 / 너희 구할 것을 / 감사함으로 / 하나님께 아뢰라로 나누어 봅니다.)

"그리하면 모든 지각에 뛰어난 하나님의 평강이 그리스도 예수 안에서 너희 마음과 생각을 지키시리라"

(그리하면 / 모든 지각에 뛰어난 / 하나님의 평강이 / 그리스도 / 예수 안에서 / 너희 마음과 생각을 / 지키시리라로 나누어 봅니다.)

본문 말씀을 보다 명료하게 묵상하기 위하여 이렇게 세분하여 읽으며 관찰하는 것이 쉽게 이해할 수 있는 방법이라 하겠습니다.

예를 들어보겠습니다.

"주안에서" 기뻐하라고 하셨다.

왜 "주 안에서"를 맨 앞에 전제 조건으로 말하고 있을까…

왜 "기뻐하라"는 명령형에 "항상"라는 부사를 사용하여 강조하였을까?

사도 바울은 "주 안에서 항상 기뻐하라"고 권면하면서 어떻게 자신있게 "내가"라고 말할 수 있을까? 믿는 자에게 "항상" 기뻐하라는 것을 강조하기 위하여 사도 바울은 "다시 말하노니"라는 반복되는 문구를 쓰고 있다.

그런데 어떻게 항상 기뻐할 수 있을까? 그리고 왜 "항상 기뻐하라"고 권면할까?

이를 묵상하면서 사도 바울의 현재 상황과 "항상 기뻐하라"는 말씀을 연관하여 관찰해 봅니다. "항상"이란 표현은 하나님의 영광과 소망을 바라보며 하나님이 주시는 기쁨으로 충만하여지는 기쁨을 말씀하고 있습니다.

사도 바울이 빌립보서를 쓰게 된 배경을 잠시 관찰해 보면, 빌립보 교회는 사도 바울이 제2차 전도여행 중에 마게도냐 사람을 환상 중에 보고, 실라와 디모데와 누가와 같이 빌립보에 갔을 때 자색 옷감을 파는 루디아와 한 간수의 집안이 복음을 듣고 회개한 후 유럽 땅에 최초로 세워진 교회입니다.

빌립보 교회 교인들 대부분이 이방인 그리스도인으로 구성된 작고 가난한 교회였지만, 그들은 관대하고 자선적이었으며 사도 바울에게 두 번의 헌금을 보냈고, 제3차 전도여행 때에도 방문한 것을 보면 사도 바울과 매우 친밀한 관계였던 것 같습니다.

이렇게 믿음 안에서 서로가 친밀했던 사랑의 배경과, 비록 로마 감옥에 갇혀 있는 사도 바울이지만 다메섹에서 예수님을 만났던 믿음으로 복음을 깨달았기 때문에, 빌립보 교인들에게 어떠한 환난 중에도 기쁨을 잃지 말고 그리스도인답게 살 것을 거듭 강조하고 있습니다.

우리가 어려운 환경에서도 기뻐할 수 있는 것은 주 안에서 믿음과 소망을 가졌기 때문에 가능합니다. 현실적으로는 기뻐할 수 없는 상황이더라도 "기뻐하라"고 두 번씩이나 강조하면서 그것도 "항상" 하라고 권면하고 있습니다.

그렇다면 왜 '너희 관용'을 알게 하라고 하였을까요?

'관용'에는 화평과 인내, 자비, 양선, 온유, 절제 등 성령의 열매 성품이 함축되어 있습니다. 관용은 하나님의 사랑으로 하는 것이 아름답고도 진정한 관용이라고 할 수 있습니다. 관용은 모든 관계를 원활하게 하므로 우리가 필수적으로 가져야 할 마음가짐입니다.

로마 감옥에 있는 사도 바울에게까지 빌립보 교회의 관용이 널리 퍼져 사람들의 칭송을 받으며 믿는 자의 본이 되고 있다는 소식이 들려왔습니다. 사도 바울은 빌립보 교인들의 관용이 널리 알려져, 그리스도인의 행실을 보고 복음이 더욱 널리 전파되기를 바라는 마음에서 강조한 것이라고 관찰했습니다. 그러므로 사도 바울은 관용이 사람들에게 널리 알려질 수 있도록 변함없이 할 것을 권면합니다. 그리스도인에게는 관용으로 서로 사랑하며 세상을 화평케하는 사명이 있습니다. 그러한 삶이 바로 순수한 복음을 전파하는 삶이기에, 우리에게도 관용을 베풀며 살라고 강조하는 뜻을 헤아릴 수 있었습니다.

'염려'와 '감사'를 서로 대치하여 강조하는 어법으로 사용했습니다. 여기에서 말하는 염려는 세상적인 가치를 추구하기 위해 노심초사하는 것을 말합니다. 지금까지 받은 하나님의 은혜를 기억하며 감사하면 염려는 사라지게 됩니다. 염려와 감사는 반비례하며 반대적인 관계입니다. 염려에는 반드시 사탄의 유혹이 따릅니다. 염려는 두려움으로 발전합니다. 그러므로 사도 바울은 "오직 모든 일에 기도와 간구로 너희 구할 것을 감사함으로 하나님께 아뢰라"고 말씀합니다.

그러면 "너희 구할 것"이란 무엇을 말하는 것일까요?

그리스도인의 기도와 간구는 하나님의 뜻에 합당한 것이어야 한다는 말입니다.

7절에서 '그리하면'이라는 완료형 가정법을 사용하여 그리스도인들은 기뻐하고, 관용하고, 염려하지 말고, 오직 기도와 간구로 필요한 것을 하나님께 아뢰라고 명령형으로 당부합니다. 그리하면 하나님은 기도의 응답으로 단순한 '평강'만이 아니고, '모든 지각에 뛰어난 하나님의 평강'이라는 수식어를 사용하여 온전한 '평강'을 누리게 됨을 말씀해 주고 있습니다.

하나님이 주시는 평강은 성령으로 예수 그리스도의 생명 안에서 흘러나오는 변치 않는 평강이며, 믿는 자의 마음과 생각을 항상 기쁨으로 지켜주신다고 말씀하고 있습니다. 큐티를 하면서 항상 감사하는 것은 큐티를 하면 마음과 육신에 평강이 있기 때문입니다. 평강은 삶에서 가장 소중한 복입니다. 편안은 물질로 누릴 수 있지만, 평강은 하나님의 은혜로만 가능합니다.

지금까지 빌립보서 4장 4-7절까지의 말씀을 읽고 관찰했습니다. 이와 같은 실례가 읽기와 관찰을 세심하게 할 수 있는 데 도움이 될 것입니다. 이러한 방법으로 읽고 관찰하는 중에 본문 안에서 제일 마음에 와닿는 말씀을 받게 됩니다. 오늘 나에게 주시는 말씀의 씨앗을 받는 것입니다. 여러 말씀을 받거나 말씀 전체를 받을 수도 있습니다. 여기서 조심해야 할 것은 욕심을 너무 내면 완전하게 소화시키기가 힘듭니다. 그러기에 처음엔 가장 마음에 와닿는 말씀을 묵상하는 것이 좋습니다.

4. 묵상(Examine his word)

묵상은 옥토에 뿌려진 씨앗에 싹이 나는 과정이라고 할 수 있습니다.

묵상은 계곡의 맑은 물이 위에서 아래로 자연스럽게 흐르는 것처럼 처음부터 성령님의 감동에 따라 자연스럽게 흘러가야 합니다. 성령님이 인도하시는 대로 따라가면 내면에 생각지 못했던 반응이 일어납니다. 지식적으로나 의지적으로 하려고 하면 묵상이 바른길로 가지 못하게 됩니다.

노트를 옆에 준비해 놓고 받은 말씀으로부터 떠오르고 느껴지는 내용들을 느낀 그대로 진솔하게 기록하는 것이 중요합니다. 즉시 기록하지 않고 시간이 지나면 느꼈던 생각을 정리할 수 없을 뿐더러 순수하게 느꼈던 느낌과 감정을 잊어버리게 됩니다.

하나님의 말씀을 묵상하다 보면, 말씀 안에서 나를 향한 하나님의 뜻을 깨닫게 됩니다. 자신이 본문 중의 한 사람이 되어 현장 가운데로 들어가게 됩니다. 하나님과 나만의 만남 가운데 생각과 믿음과 인격이 변화되어 갑니다. 밝은 빛, 진리가 내면에 비쳐져서 현재의 내 모습이 보일 때도 있습니다.

어느 교회에서 큐티 세미나를 하던 중 마음에 겹겹이 두껍게 쌓여 있는 껍질을 벗기고 또 벗기는 장면이 떠올려졌습니다. 누구보다 더욱 말씀을 전하고 있는 나 자신이 하나님의 은혜를 체험하게 되었습니다.

묵상은 무엇보다도 내면의 껍질이 성령님의 도우심으로 한 꺼풀

씩 벗겨지는 과정입니다. 이 과정은 계속되어야 합니다. 이 과정이 계속되면 스스로 낮은 자리로 내려가게 되며, 묶인 모든 것들로부터 자유로워지는 것을 경험하게 됩니다.

묵상(meditation)은 성경 말씀을 지성과 감성과 의지와 특히 성령으로, 하나님이 지금 나에게 하시는 말씀으로, 듣는 마음으로 하는 것입니다. 말씀 안으로 들어가면 말씀을 레마(rhema)로 받게 되므로, 말씀의 뜻이 가슴으로 느껴질 때까지 계속 음미해야 합니다.

내가 진정으로 영이신 하나님과 교통하기 위해서는 나의 영이 성령님과 하나로 연합되어야 가능합니다.

낳아 기른 자식이라 할지라도 일 년에 한두 번 얼굴만 본다면 어떻게 그의 속마음과 사정을 알 수 있겠습니까? 가까이서 많은 시간을 함께 생활하고 있어야 눈만 마주쳐도 서로의 마음이 통하며 형편을 느낄 수 있지 않겠습니까? 마찬가지로 성령님이 항상 우리 안에 계셔야 하나님과 교감이 이루어져 하나님의 뜻을 알 수 있으며, 양이 목자의 음성을 들을 수 있는 것처럼 하나님의 음성도 들을 수 있게 될 것입니다.

말씀을 묵상하다 보면 "하나님은 왜 이 말씀을 나에게 주시는가?" 하는 의문이 생길 때가 종종 있습니다. 이때가 마음에 말씀의 씨앗이 떨어지기 시작하는 과정이라고 볼 수 있습니다.

말씀 묵상은 내가 당면한 환경에 따라 묵상의 관점(view point)이 바뀔 수 있기 때문에 같은 말씀이라도 때와 환경에 따라 새로운 뜻으로 느껴지기도 합니다. 그리고 마음에 느껴지는 감동의 정도에 따라 깨달음도 차이가 나며 인격과 삶의 변화에도 차이가 납니다.

어느 날, 몇 년 전 큐티 노트를 읽어 내려가는 중에 같은 말씀인데도 받은 말씀과 묵상이 전혀 다른 것을 발견한 때가 있었습니다.

"이 율법책을 네 입에서 떠나지 말게 하며 주야로 그것을 묵상하여 그 안에 기록된 대로 다 지켜 행하라 그리하면 네 길이 평탄하게 될 것이며 네가 형통하리라"(수 1: 8).

큐티의 과정 중에서 묵상은 성령님이 가장 강하게 역사하시는 부분일 수 있습니다. 그러므로 묵상할 때는 나의 영이 자유로워야 합니다. 이때에 내가 과연 어떤 내면의 소유자인지 숨김 없이 드러나게 되며 자신을 알아갈 수 있게 됩니다.

"묵상에서 참고할 사항"

본문의 장면들이 마음에 떠오르면 다음 사항들을 자신과 연관하여 관찰하면 묵상에 도움이 됩니다.

- 하나님의 속성과 섭리(뜻)
- 저자가 이 말씀을 이야기하는 의도
- 사탄의 활동과 공격을 당하게 된 원인
- 나의 현재 상태
- 등장 인물과 사건의 원인과 배경
- 왜 이 말씀을 나에게 주시는가?

보편적으로 묵상에는 질문을 통하여 깊이 들어갈 수 있는 서구적인 방법과, 또한 묵상하는 중에 말씀이나 단어가 직접 마음에 떠오르는 동양적인 방법이 있습니다. 그러나 묵상은 느낌에 따라 두 가지 방법을 자연스럽게 같이 사용하는 것이 바람직합니다. 묵상은 성령님이 감화 감동하셔야 말씀이 영으로 깨달아지게 되므로, 성령님이 인도하실 때까지 말씀 안에서 기다리는 마음가짐이 필요합니다.

"기본적 분석"

육하원칙(5W1H, 누가=Who, 언제=When, 어디서=Where, 무엇을=What, 왜=Why, 어떻게=How)에 따라 본문의 사실을 지식으로 분석하고 알아보는 질문입니다.

"영적 질문"

내용을 파악하기보다는 영적인 뜻을 깨닫기(Insight) 위한 질문입니다.
성령님의 인도에 따라 찾고, 묻고, 하나님과 대화하고, 느낌으로 얻는 것입니다.
영적 질문 중에 적용을 위한 말씀이 자연스럽게 떠오릅니다.

묵상하는 데 참고할 사항으로 'SPACE'가 있습니다.

S (Sins to Confess): 자백해야 할 죄들
P (Promise to Claim): 붙잡아야 할 하나님의 약속

A (Actions to Avoid): 피해야 할 행동들

C (Comments to Obey): 순종해야 할 명령들

E (Examples to Follow): 따라야 할 모범의 예들

묵상의 예로 시편 62편을 묵상했습니다.

시편 62편의 배경은 다윗이 자기 아들 압살롬에게 쫓기어 블레셋 가드로 도망하였을 때에 쓴 것이라는 설이 지배적입니다. 그동안 영화를 누리며 지내던 다윗 왕은 원수들로부터 쫓기는 비참하고 위험한 상황이 되었을 때, 비로소 잠잠히 하나님의 은혜들을 헤아리며 묵상합니다.

- 여덟 형제 중 막내로 태어나 목동 생활하던 시절.
- 하나님만 의지하고 순종하던 신실한 믿음의 시절.
- 하나님이 동행하시며 허락하신 부귀 영화의 시절.
- 교만과 향락에 빠져 하나님의 계명을 범한 사건(간음, 살인, 계수).
- 눈물로 회개하였지만 인과응보의 대가를 치르는 삶.
- 고난 중에 생사고락은 오직 하나님께 속한 것임을 깨달음.
- 다시 한 번 하나님의 성품을 묵상하며 고백함.

다윗 왕은 위기 속에 참회하고 신실한 마음으로 전능하신 하나님에 대하여,

- 나를 사랑하고 세워주셨던 분이며,
- 죄를 범하면 부귀영화도 하루아침에 가져가시며,

- 죄를 깊이 회개하고 죄의 대가를 겸손히 감내하면,
- 다시 안아 주시는 사랑의 하나님을 깨닫고 믿음을 잃지 않았기에,
- 그의 영혼은 오늘도 하나님만 잠잠히 바라본다는 믿음의 고백을 드리고 있습니다.

위의 배경을 생각하며 본문을 관찰해 보면 다윗은…

- 목동에서 왕으로 세움을 받았으나 왕으로 있으면서 하나님 앞에 범죄함으로 모진 고통을 받습니다.
- 깊이 회개하고, 그의 삶이 하나님께 속해 있으며 하나님은 자기의 반석이시요, 구원이시요, 요새시라며 그분의 속성을 다시 고백하고 선포하고 확인합니다
- 하나님만 굳게 믿고 이 믿음이 다시 흔들리지 않을 것을 다짐하고 있습니다(1-2절).
- 쫓기는 자기를 죽이려고 무리들이 추격하며 계략을 쓰는 위험한 상황을 하나님께 아뢰며(3-4절)
- 풍전등화와 같은 위기를 당한 막다른 골목에서 구원은 오직 하나님께로부터 오는 것을 고백하며, 흔들리는 마음을 단단히 붙잡고 잠잠히 하나님만 바라보고 의지할 것을 고백합니다(5절).
- 그러나 자신의 믿음이 위기 앞에서 아직도 흔들리고 있음을 깨닫고, 하나님의 위대하심을 선포함으로 두려운 마음을 떨치고 담대해지기 위하여 내가 요동치 않겠다고 거듭 선포합니다

(6-7절).

- 그리고 백성들에게 하나님은 우리의 피난처가 되시므로 모든 것을 낱낱이 고백하라고 자신이 체험한 사실을 근거로 선포하고 있습니다(8절).
- 그동안 최고의 부귀영화를 누렸던 다윗 왕은 최악의 위기를 겪은 후 새롭게 거듭납니다. 그리고 고백합니다. 귀한 자도 천한 자도 하나님 앞에서는 전혀 차이가 없으니 권력이나 재물을 의지하지 말라는 체험적인 고백을 합니다(9-10절).
- 마지막으로 하나님은 우리의 주권자이시고 인자하신 분이라고 선포하며, 행한 대로 갚으시는 인과응보의 공의로운 하나님이심을 체험을 통하여 고백합니다.

지금까지 관찰하고 묵상한 것을 요약하면, 다음과 같습니다.

- 보잘것없는 목동에 불과했지만
- 신실한 믿음으로 인내하며 진리의 길을 걸어 왔기에
- 이스라엘 왕으로 높임을 받았으며
- 범죄한 후 진정으로 회개를 하였으나 공의로우신 하나님은 죄의 대가로
- 쫓김을 당하는 위기를 맞게 하였습니다.
- 그러나 하나님은 통회하며 회개하는 다윗을 다시 세워 주셨기에
- 이스라엘의 왕권을 회복하고
- 하나님으로부터 참 믿음의 예배자로 인정받게 된 사실을 보았습니다.

묵상한 내용에 대하여 적용을 위한 질문을 나 자신에게 던져 봅니다.

- 하나님은 행한 대로 갚아주시는 분임을 믿고 잠잠히 하나님만 바라보고 있는가?
- 지은 죄에 대하여 진정으로 통회자복하는 회개를 하였는가?
- 하나님 앞에 은밀한 죄까지도 낱낱이 고하고 있는가?
- 모든 것을 잃은 상황에서도 잠잠히 하나님만 바라보지 못하고, 스스로 자신을 힘들게 만들지는 않았는가?
- 내 노력으로 일을 해결하려고 했을 때 수렁 속으로 계속 빠져드는 것을 경험한 적은 없는가?
- 이로 인하여 주위에 있는 가족이나 친구들까지도 힘들게 하지는 않았는가?
- 목동 다윗과 같이 순수한 마음으로 하나님만 믿고 의지하며 살고 있는가?
- 내 생각과 행동이 하나님의 영광을 가리지는 않았는가?
- 부귀영화를 중요시하던 내 중심의 가치관에서 하나님 중심의 가치관으로 바뀌어 있는가?

이처럼 묵상은 하나님과 나만의 깊은 교제 안에서 내면에 감추어져 있는 것들을 고백하며 하나님 말씀을 듣는 시간입니다. 묵상은 성령님의 감화 감동으로 내면 깊숙이 있는 껍질이 벗겨지면서 말씀을 씹고 또 씹는 중에 보이지 않는 심령에 변화가 일어나는 과정입니다.

자연에 대한 묵상(自然 黙想)

묵상 중에는 자연을 묵상함으로 자연 속에서 하나님의 뜻을 헤아리는 자연 묵상이 있습니다. 자연 묵상은 하나님이 지으신 대자연에서 하나님의 섭리와 사랑을 알아가는 방법입니다.

사도 바울이 로마서 1장 18-20절에서 "하나님의 진노가 불의로 진리를 막는 사람들의 모든 경건하지 않음과 불의에 대하여 하늘로부터 나타나나니 이는 하나님을 알만한 것이 그들 속에 보임이니라 하나님께서 이를 그들에게 보이셨느니라 창세로부터 그의 보이지 아니하는 것들 곧 그의 영원하신 능력과 신성이 그가 만드신 만물에 분명히 보여 알려졌나니 그러므로 그들이 핑계하지 못할지니라" 한 말씀과 같이 하나님이 창조하신 모든 피조물이나 사람의 양심에는 이미 하나님의 뜻, 즉 하나님의 진리와 사랑이 나타나 있는데도 깨닫지 못하는 우리의 어리석음을 말씀하고 있습니다. 우리는 양심이나 하나님이 창조하신 자연 속에서도 하나님의 성품과 능력과 역사하심을 헤아리며 느낄 수 있습니다.

자연에 대한 묵상과 거기서 체험한 하나님의 은혜를 나누어 보려고 합니다.

"Sabrina Lake에서"

"하나님이 그 지으신 모든 것을 보시니 보시기에 심히 좋았더라"(창 1:31).

우리 부부는 시간적인 여유가 생기면 아름답고 푸른 자연에 마음이 끌려 산이나 바닷가로 여행을 떠납니다. 우리가 흙에서 왔고 고향이 에덴 동산이었기에 귀소본능의 잠재의식이 마음속에 남아서 그럴까 생각해 보았습니다.

어느 화창한 봄날, 이른 아침 비숍(Bishop)의 사브리나 호수(Sabrina Lake)를 향하여 집을 나섰습니다. 창 밖으로 보이는 경치가 비록 사막같이 메마른 산들이지만 잡초 한 포기조차 아름답고 다정하게 느껴졌습니다. 맑은 하늘에 떠 있는 흰구름이 조화를 이루어 마음을 더욱 포근하게 했습니다. 잠시 길가에서 쉬는 동안 주위를 둘러보니, 메마른 땅에서 자라고 있는 잡초나 야생화들이 열악한 환경 가운데 볼품은 없어 보였으나, 서로가 자연스럽게 조화가 이루어진 대지의 경관이 너무나도 순수하고 아름다웠습니다.

'왜 하나님은 만물을 똑같이 보기 좋게 창조하지 않으시고, 어느 것은 우람하고 어느 것은 연약하고 초라한 모습으로 다양하게 창조하셨을까?'

그런데 이러한 생각이 바로 인간적인 관점으로 생각하는 편견이었습니다. 창조주이신 하나님은 자연을 이렇게 창조하신 후 "보기에 심히 좋았더라"고 하셨습니다.

아무리 초라한 모습의 잡초나 열악한 환경에서 자라난 여러 종류의 식물이나 이름 모를 야생화조차도, 하나님께서는 우리에게 무엇인가를 깨닫게 하시려고 소중하게 창조하셨음을 헤아리지 못하고 무관심하게 지나치고 살아왔음을 돌아보았습니다.

우리 인간도 마찬가지입니다.

하나님이 인간을 외모나 성격이나 재능 등 다양하게 창조하신 이

유는 이러한 하나님의 섭리를 깨닫고 사랑으로 합력하여 아름다운 조화를 이루며 사는 모습을 보시려고 "보시기에 심히 좋았더라"고 즐거워하신 것이 아닐까 생각해 보았습니다.

사브리나 호수에 도착하니 산에는 아직도 잔설이 남아 있는 자연 그대로의 풍경이 마치 어린 시절에 보았던 크리스마스 카드에 나오는 아름다운 그림 같았습니다.

각종 크고 작은 나무들과, 땅에 넘어져 썩어 가는 멋스런 고목들과, 높은 산에 있는 눈이 녹아 흐르는 맑은 계곡에는 여러 모양의 돌들이 자연 그대로 놓여 있고, 낙엽과 나뭇가지들이 여기저기 흩어져 있어 비록 무질서하게 보였으나, 맑은 물 속에서 유유자적하며 노는 산천어들과 어울려 한폭의 아름다운 풍경화를 감상하는 것 같았습니다. 빈틈없이 질서정연한 것보다 제멋대로 흩어져 있는 모습이 오히려 멋스러운 예술 작품이었습니다.

그곳에 도착하니 잔잔한 물소리와 얼굴을 스치는 바람이 우리를 기다렸다는 듯이 반기는 느낌이었습니다.

"어서 오세요! 본향의 아름다움이 그리워 찾아오셨군요. 마음의 평안을 누리세요!"

자연은 너무나 다정했고 청초했습니다.

흐르는 맑은 물에 손을 담가보려고 계곡으로 내려갔습니다. 작은 웅덩이에는 산천어들이 평화롭게 헤엄치고 있는데, 그 속에 있는 오래 된 깨진 병 하나가 눈에 띄었습니다.

그것을 보는 순간, 나도 언제 어디선가 저렇게 쓰레기를 버리지 않았나 생각하게 되었습니다. 사람들이 자연을 찾아올 때는 그 속에서 무엇인가 즐기려는 기대 속에 찾아옵니다. 그러나 그 즐거움은 자신의 일방적인 것이지 자연을 배려하지 않는 즐거움입니다. 때로는 아름답게 피어난 꽃이나 나무를 꺾기도 하고, 평화롭게 놀고 있는 물고기에게 돌을 던지기도 합니다.

사랑이란 주는 사랑이 더욱 아릅답습니다. 자연은 순수함과 진리로 묵묵히 서로를 세워주며, 아름다운 조화를 이루며 살고 있습니다. 그기에 더욱 아름다운지도 모릅니다.

"자연은 관대함과 동시에 용서가 없다"라는 헤르만 헤세의 말이 생각났습니다. 자연은 교만하고 만용을 부리는 자를 용서하지 않습니다. 사람들이 자신의 모습 그대로를 하나님의 뜻으로 알고 자신은 사랑받고 태어난 귀한 존재인 것을 깨닫고 자연과 같이 겸손히 자족하며 서로를 세워주면 마음이 편안할 텐데, 왜 서로를 비교하고 이웃이 잘되면 시기하고 질투하는지 알 수가 없습니다.

나뭇가지에서 한가롭게 바람을 즐기는 거미를 보았습니다. 먹이를 얻으려고 열심히 거미줄을 만들어 놓고는 유유히 바람을 즐기며 먹이가 걸릴 때까지 편안한 마음으로 기다립니다. 나의 삶과 비교해 보았습니다. 하나님은 배가 고플 때면 먹을 것을 보내 주십니다.

예수님은 마태복음 6장 25-27절과 33절에서 "그러므로 내가 너희에게 이르노니 목숨을 위하여 무엇을 먹을까 무엇을 마실까 몸을 위하여 무엇을 입을까 염려하지 말라 목숨이 음식보다 중하지 아니하며 몸이 의복보다 중하지 아니하나 공중의 새를 보라 심지도 않고 거두지도 않고 창고에 모아들이지도 아니하되 너희 하늘 아버지께서 기르시나니 너희는 이것들보다 귀하지 아니하냐 너희 중에 누가 염려함으로 그 키를 한 자라도 더할 수 있겠느냐 그런즉 너희는 먼저 그의 나라와 그의 의를 구하라 그리하면 이 모든 것을 너희에게 더하시리라"고 말씀하셨습니다.

나는 자연을 통하여 말씀하시는 하나님의 뜻을 깨닫고 새로운 삶을 다짐하면서 집으로 돌아오는데, 저녁노을이 오늘도 변함없이 내 마음에 평안을 안겨 주었습니다.

"하나님이 동행하신 여행"
(요한계시록 21장 1-11절 말씀)

8월 하순인데도 캐나다 록키 산에 있는 재스퍼의 새벽 기온은 초겨울처럼 차가웠습니다. 이른 아침 나무 냄새가 그윽한 산 속에 자리잡은 수양관에서 두 분의 목사님과 사모님, 그리고 사랑하는 집사님 내외분과 저희 부부는 둥그런 테이블에 모여앉았습니다. 큐티 시간입니다.

본문은 요한계시록 21장 1-11절의 말씀이었습니다.

"또 내가 새 하늘과 새 땅을 보니 처음 하늘과 처음 땅이 없어졌고 바다도 다시 있지 않더라" 하신 1절의 말씀이 마음에 와닿았습니다. 2절에서 거룩한 성 새 예루살렘이 하나님께로부터 하늘에서 내려오는 것을 봅니다. 하나님은 우리 주 예수 그리스도의 은혜로 죄인이었던 우리를 새로운 피조물로 거듭나게 하여 당신의 자녀로 회복시켜 주었습니다.

본 말씀을 묵상하면서, 좋은 일들이 일어날 것이라는 느낌과 모든 것이 새롭게 시작될 것 같은 마음이 들었습니다. 그리고 큐티를 하기 전부터 내 마음에 먼저 자리잡고 있는 생각이 있었습니다. 사랑하는 믿음의 사람들과 함께하는 지금 이 순간, 이곳 산속에서 말씀을 나눌 수 있다는 것이 두 번 다시 가질 수 없는 아름답고 소중한 시간인 것을 생각하며, 하나님의 은혜에 감사하며 또한 아쉬운 마음 가운데 눈물이 흘러내리고 있었습니다.

하나님이 미리 계획하여 주셨고, 평생에 남을 가장 아름다운 추억을 선물로 주신 것을 깨달았습니다. 소중한 시간이었습니다. 우리 가정의 사정상 이번 집회에는 참석하기 힘든 상황이었지만, 이전에 이 교회에서 큐티 간증 집회를 하였을 때 목사님을 비롯한 많은 성도들로부터 뜨거운 사랑을 받았기에, 모든 근심 걱정을 뒤로하고 다시 오게 되었습니다.

밴쿠버 교회 목사님은 3일 동안의 집회를 인도하신 유진소 목사님에 대한 각별하신 배려로 우리 일행을 록키 산으로 안내하셨습니다. 재스퍼에서 하룻밤을 지내고 이른 새벽에 모여서 큐티를 했습니다. 돌아가며 말씀을 나누는데, 마지막 순서로 유 목사님께서는 11절에 있는 재스퍼에 대하여 말씀하시는 것이었습니다. 재스퍼에서 재스퍼 말씀을 묵상하게 되었으니 정말 놀라운 일이 아닐 수 없었습니다.

수양관에 들어올 때도 큰 나무에 매달려 바람에 흔들리고 있는 재스퍼라고 쓰여진 하얀 팻말을 보았습니다. 큐티를 하고 있는 바로 이곳, 재스퍼에 있는 수양관에서 말씀 안에 있는 재스퍼를 묵상할 때 놀라지 않을 수가 없었습니다. 그 순간 "내가 들으니 보좌에 서 큰 음성이 나서 이르되 보라 하나님의 장막이 사람들과 함께 있으 매 하나님이 그들과 함께 계시리니 그들은 하나님의 백성이 되고 하 나님은 친히 그들과 함께 계셔서"라는 3절 말씀이 예사롭지 않게 내 마음에 큰 감동을 주었습니다. 분명히 하나님은 우리 일행과 함께 계신 것을 느낄 수 있었습니다.

감동어린 큐티로 아침 예배를 드린 후 밴쿠버 교회의 목사님 안 내로 산 위에 있는 노천 온천에 갔습니다. 화창하게 맑은 날인데 일행 중 누군가가 우박이 좀 왔으면 좋겠다고 어처구니없는 말을 했습니다. 이게 또 웬일입니까? 잠시 후 때 아닌 우박이 쏟아졌습 니다. 또다시 놀라지 않을 수 없었습니다.

일행은 재스퍼를 떠나 밴푸로 가는 중에 만년설을 구경하기 위 하여 그레이서에서 잠시 휴식을 하게 되었습니다. 또 누군가가 눈 이 내렸으면 좋겠다고 말했습니다. 그런데 잠시 후 함박눈이 벌판 을 하얗게 덮어 때아닌 한여름에 눈 구경을 했습니다.

정말 놀라운 일이었습니다.

여행을 마치고 밴푸에서 밴쿠버로 내려올 때에는 눈이 보슬비가 되어 내리고 있었습니다. 내려오는 중에 점심때가 되어 밴쿠버 교 회의 사모님이 정성껏 준비해 주신 푸짐한 재료들로 점심을 준비하 려고 목사님은 이번 휴게소에서 내리자고 하셨습니다. 그런데 운전 하던 집사님은 그 말씀을 듣지 못하고 계속 내려오다가 다음 휴게 소에서 내리게 되었습니다.

그런데 이게 웬 은혜입니까? 기와지붕의 넓은 휴게소에는 방금

전 앞에 지나간 사람들이 피워놓은 장작불이 우리를 기다리는 듯 아직까지 타고 있었으며, 그 옆에는 잘 정돈된 땔감까지도 수북히 쌓여 있었습니다. 하나님의 놀라우신 은혜였습니다. 우리는 "할렐루야! 여호와 이레"를 외쳤습니다.

며칠 동안의 밴쿠버 집회와 여행 중에 우리는 도저히 상상할 수 없는 은혜로 순간순간을 가장 아름답게 인도하여 주시는 하나님의 손길을 체험했습니다.

우리는 어떤 여행보다도 일생에 잊지 못할 가장 아름다운 하나님이 동행하신 여행을 선물로 주신 은혜에 감사를 드렸습니다. 전능하신 하나님은 사명을 감당하는 자에게는 놀라우신 은혜로 함께하시는 좋으신 하나님이심을 체험하였기에, 믿음과 소망 안에서 군건히 헌신할 것을 결단하게 되었습니다.

"내가 들으니 보좌에서 큰 음성이 나서 이르되 보라 하나님의 장막이 사람들과 함께 있으매 하나님이 그들과 함께 계시리니 그들은 하나님의 백성이 되고 하나님은 친히 그들과 함께 계셔서"(계 21:3).

5. 적용(Say back to GOD)

"내 형제들아 만일 사람이 믿음이 있노라 하고 행함이 없으면 무슨 유익이 있으리요 그 믿음이 능히 자기를 구원하겠느냐"(약 2:14).

적용은 큐티의 꽃이라고 할 수 있습니다. 깊은 묵상을 하는 중에 성령님은 자연스럽게 적용으로 인도하여 주십니다. 성령님이 내 마음을 만지며 움직여 주어야 구체적이고 진솔한 적용을 하게 됩니다. 묵상에서 적용으로 넘어가는 단계는 삶의 현실로 들어가는 것입니다. 사람은 변화를 싫어하는 본성이 있습니다. 그러므로 적용에는 무엇보다도 내 뜻이 아닌 하나님의 뜻으로 행하는 과감한 결단이 필요합니다. 마음에 갈등이 일어날 수 있습니다. 그러므로 기도가 필요합니다. 생각과 행동이 하나님 성향으로 바뀌어가는, 즉 인격이 변화되는 중요한 과정이기 때문입니다.

적용은 나를 부인하는 자세로 모든 것을 내려놓고 오늘 주신 말씀을 나에게 적용하여 새롭게 변화를 받고자 하는 과정입니다. 경건치 못한 것들을 구체적으로 회개하고 주신 말씀대로 실천하겠다는 결단의 시간입니다.

'작심삼일'이라는 말을 기억할 것입니다. 자신의 의지만으로는 힘들다는 말입니다. 적용 부분에서 많은 성도들은 자신을 내려놓지 못하고 성령님을 전적으로 의지하지 못한 상태에서 의지적으로 하기 때문에 적용이 어렵다고 하는 것 같습니다.

진리의 말씀을 세상에서의 삶에 적용한다는 것은 대단히 힘든 일입니다. 내 마음에 하나님의 마음이 느껴질 때 감사한 마음과 소망 안에서 자연스러운 적용을 할 수 있습니다. 그러나 실천하는 데에는 강한 의지가 뒷받침되어야 합니다.

큐티를 처음 시작한 사람은 적용을 하려 해도 자존심이나 상처로 인하여 적용을 구체적이고 진솔하게 하지 못하고 원론적인 적용만을 반복합니다. 문제는 자존심이나 부서져야 할 자아가 나를 단단히 붙들고 있기 때문에 그 벽을 통과할 수 없는 것입니다. 나의 옛 사람이 십자가에서 예수 그리스도와 함께 죽었다는 뜻을 실감하며 통회할 때 열린 마음으로 부끄럼 없이 구체적으로 적용하고 실천할 수 있습니다.

포괄적이고 개념적인 '하겠다'는 막연한 적용으로는 만족스런 결실을 얻을 수 없습니다.

이기적으로 합리화하는 또는 습관적으로 자책하는 적용을 반복하게 되면 만족스런 변화를 기대하기 어렵습니다. 주의할 것은 다른 사람이 아닌 자신에게 초점을 맞추어야 합니다.

적용에는 강한 의지가 따라야 하며, 지속적으로 말씀을 삶에 적용하면 예수님의 모습과 향기가 인격과 삶에 나타나며 바라는 치유와 회복도 일어나게 됩니다. 묵상까지 은혜스럽게 하고 적용을 진솔하게 하지 못한다면, 마치 잎만 무성하고 열매가 없는 무화과나무(눅 13:6-9)와 같이 말씀으로 머리만 발달하고 열매가 없는 큐티가 될 수 있습니다. 큐티는 하나님과 내가 영적으로 교통하는 시간입니다.

그러므로 다른 사람에게 적용해서는 안 됩니다. 받은 말씀이 나 자신에게 개인적(personal)이고(우리, 너, 그 사람이 아닌), 구체적(practical)이고

(추상적, 관념적이 아닌) 바로 실천 가능(possible)해야(감당할 수 있는) 합니다 (3P: personal, practical, possible).

　예를 들어 '사랑하게 하옵소서!'와 같은 미래에 대한 막연한 결심 등은 효과적인 적용이라 보기 어렵습니다. 내가 아닌 "남편 또는 아내가 변하게 하여 주소서"라든가 ○○○가 라고 하는 적용은 곤란합니다.

　말씀을 나에게 적용하기에 앞서 먼저 적용의 결단과 열매를 위하여 기도해야 합니다.

- 삶에 대한 회개와 경건의 삶에 대해 결단하는 마음의 자세.
- 사탄이나 자신의 환상의 속임수에 넘어가지 않도록 기도함.
- 결단과 의지를 붙들어 주실 주 예수 그리스도의 은혜를 간구함(격려, 위로).

　짧지 않은 기간 큐티 나눔방에서 함께 은혜 생활을 하던 한 자매님은, 한동안 자신을 성찰하기보다는 다른 사람의 허물을 말하며 자신이 당하였던 억울함을 호소하는 적용을 했습니다. 자존심 때문에 자신에 대한 진술하고 과감한 적용을 못하고, 나눌 때마다 마음이 편치 않아 괴로워하는 모습을 볼 수 있었습니다. 그러나 하나님은 그 자매님을 계속 만져주고 계셨기에, 어느 날 자신의 잘못된 생각을 회개하고 담대하고 진술한 적용을 하면서 괴로움에서 자유로워진 모습을 보았습니다. 이처럼 적용은 성령님이 이끌어 주시는 대로 부끄럼없이 담대함으로 해야 영혼이 살아나고 인격이 변화됩니다.

우리 부부의 경우도 다정하게 지내는 중에 사소한 일로 말이 오고 가다 점차 불난 집과 같이 격해질 때가 있습니다. 그전 같으면 끝까지 따지며 결판을 보아야 직성이 풀렸겠지만, 어느 때부터인지 먼저 나오는 말은 "여보, 미안해요. 내가 잘못했네요"였습니다. 남편의 입장을 이해할 수 있는 역지사지(易地思之)의 마음이 생긴 것입니다. 이 말을 들은 남편도 마음이 풀어졌습니다. 서로 위로했습니다. 자존심을 버리는 것일까요?

이 이야기를 어느 집회에서 적용의 예로 한 적이 있습니다. 적용은 나에게 하는 것이며, 적용을 진솔하게 하면 마음에 평강이 임하는 것을 느낄 수 있습니다.

한 가지 예를 더 들면, 관계가 단절되어 마음문이 굳게 닫혀 있는 상대편에게 지금까지 풀지 못하고 있는 문제를 해결하기 위해 무조건 용서를 구하려 하는데, 사탄은 나에게 '어떻게 자존심을 버리느냐?'고 자극하고 있었습니다. 나는 예수님의 십자가를 생각하며 기도를 했습니다. 성령님은 나에게 "자기를 부인하고 자기 십자가를 지고 가라"고 하시며, "네가 아직까지도 그토록 잘 났느냐?"라는 마음에 감동을 주시어 순종했습니다.

관계의 실마리가 풀리기 시작하였습니다. 상대편의 문제로만 생각했던 편견들이 나의 문제로 깨달아지는 순간이었습니다.

어느 날 먼저 사과하지 못하는 성격이 변화된 것을 느낄 수 있었습니다.

그러나 이렇게 할 수 있는 용기와 변화도 하루아침에 이루어지는 것은 아닙니다. 이스라엘 민족이 광야에서 40년간의 혹독한 훈련을 통하여 하나님을 알아가고 순종하여 약속의 땅으로 들어갈 수 있었던 것처럼, 묵상한 말씀을 성령님의 도우심으로 꾸준히 삶에 적용하는 큐티가 생활화되어야 합니다.

그런데 큐티가 말씀 요약, 읽기와 관찰, 묵상, 적용의 순서에 따라 항상 잘될 수는 없습니다.

말씀 안에서 영이 열려 있으면 수시로 성령님이 감동하여 때로는 직장에서, 산책하는 중에도 음식을 준비하는 중에도, 잠들기 전 침대에서도 적용이 떠오르기도 합니다. 그때에는 스치지 말고 붙잡아야 합니다. 말씀 묵상으로 회개하고 결단하고 적용하는 일이 생활화되면 모르는 중에 모난 부분들이 다듬어진 것을 자신은 물론 주위 사람들도 느끼게 됩니다.

큐티하는 삶은 하나님이 놀라울 만큼 살아 역사하시는 것을 수시로 체험할 수 있기 때문에, 비록 삶이 힘들고 어려울지라도 마음에는 현실에 만족하는 감사와 기쁨과 평안이 찾아옵니다.

일반적으로 개인적인 큐티는 적용에서 일단은 끝난다고 하겠습니다.

"사환을 통한 하나님의 섭리"

여기에서 잠시 사무엘상 9장 1-14절을 묵상할 때 일어났던 일을 간증하려 합니다.

우연한 만남은 없습니다. 어떤 사람과 어떤 인연으로 만나느냐에 따라 삶의 방향이 달라지는 경우를 종종 보았고 듣기도 했습니다. 우리는 상상할 수도 없이 섬세하신 하나님의 섭리 안에 살고 있습니다.

사무엘상 9장 1-14절에서 사울은 아버지의 말씀에 따라 사환과 함께 잃어버린 암나귀를 찾아 나섰다가 선견자 사무엘을 만나게 됩니다. 본문에서 우리는 하나님의 놀랍고도 치밀하신 계획을 사울의 아버지와 사환과 물 길러 나온 소녀들을 통하여 깨달을 수 있습니다.

본문에서 사울과 사환의 대화를 관찰했습니다.

- 5절에서 사울은 사환에게 "돌아가자"라고 합니다.
  (기다리는 아버지에 대한 두려움에서)
- 6절에서 사환은 사울에게 "그리로 가사이다"라고 합니다.
  (갈 길을 가르쳐줄까: 기대감)
- 7절에서 사울은 사환에게 "드릴 예물이 없도다"라고 합니다.
  (근심과 걱정: 소극적인 마음)
- 8절에서 사환이 사울에게 "보소서"라고 합니다.
  (길을 가르쳐달라 하겠나이다: 적극적인 마음)
- 10절에서 사울은 사환에게 "네 말이 옳다 가자"라고 합니다.
  (사환의 뜻: 소망을 따르는 마음).

본문에서 이스라엘 왕을 세우기 위한 하나님의 섭리를 관찰해 보겠습니다.

- 베냐민 지파의 유력한 사람 기스(Kish)의 아들 사울을 택하십니다.
- 그는 이스라엘 자손 중에 그보다 더 준수한 자가 없고 키가 컸습니다.
- 사울의 아버지는 사울에게 잃어버린 암나귀를 찾으라고 합니다.
- 아버지가 믿는 사환을 데리고 함께 가라 하십니다.
- 두루 다녀보았으나 찾지를 못합니다.
- 사울은 기다리며 걱정하실 아버지를 생각하고 사환에게 그대로 돌아가자고 합니다.
- 사환은 하나님의 사람이 혹 우리가 갈 길을 가르쳐 줄까 하여 그를 만나러 가자고 합니다.
- 그에게 드릴 예물이 없으므로 "무엇을 드리겠느냐"라고 말합니다.
- 사환은 자기에게 남아 있는 은 한 세겔의 사분의 일을 드리자고 합니다.
- 물 길으러 나오는 소녀들을 만납니다.
- 그리로 들어갈 때에 사무엘이 마침 산당으로 올라가려고 마주 나옵니다.

위에서 관찰한 바와 같이 하나님의 섭리는 누구도 상상하지 못할 만큼 섬세하신 손길에 따라 한 줄기의 냇물이 흐르듯 자연스럽게 진행되고 있습니다. 하나님은 이미 사울이 이스라엘 민족 중에 그만한 인물이 없기에, 가문과 외모를 보시고 사울을 택하신 것을 알 수 있습니다. 그리고 사울과 사환의 오고 간 대화를 관찰해 보면, 하나님은 사울이 아닌 사환의 긍정적인 생각을 통하여 사울을 이끄시며, 사울은 사환의 의견에 피동적으로 따라가는 모습을 볼 수 있습니다.

사울이 기다리고 계시는 아버지를 생각하고 또한 예물이 없다고 회의적으로 말하는 것을 보면, 아버지가 말씀하신 사명을 완수해야 한다는 목적의식이 부족한 인상을 줍니다. 목적을 달성하려는 능동적 의지보다는 난관에 부딪치면 근시안적으로 현실과 타협하려는 소극적인 모습을 볼 수 있습니다. 반면 사환에게서는 하나님의 사람에게라도 물으면서 주인으로부터 받은 사명을 적극적으로 이루려고 거시적인 안목으로 바라보는 폭넓은 생각과 의지를 엿볼 수 있습니다.

뜻은 서로 일치하지 않았지만, 하나님의 섭리에 따라 사환은 주인의 지시를 끝까지 이루려는 충성된 사명감에서 사울을 자연스럽게 설득하며 따라오게 하는 것을 볼 수 있습니다.

사울이 사환의 뜻을 무시하고 아버지에게로 돌아갔다면 어떻게 되었을까 생각해 봅니다.

10절에서 "사울이 그 사환에게 이르되 네 말이 옳다 가자 하고 그들이 하나님의 사람이 있는 성읍으로 가니라"라는 말씀에서 나는 "네 말이 옳다 가자" 하는 말씀을 묵상해 보았습니다. 사실 여기까지 인도하기가 간단하지 않았던 것을 알 수 있습니다. 하나님의 계획은 이미 기스의 마음에 역사하시어 신실한 사환을 택하도록 하셨고, 사울은 사환이 아버지로부터 받은 사명에 충실하려는 책임감과,

확실하고 긍정적이면서 윗사람을 성실히 모시려는 마음에서 작은 예물이지만 하나님의 사람에게 예의를 갖추고자 하는 마음을 보고 비로소 사환의 의견에 따르는 것을 볼 수 있습니다.

하나님의 계획은 계속됩니다. 사울과 사환이 물 길러 나오는 소녀들을 만나게 됩니다.

- 물 길러 오는 소녀들에게 선견자가 "여기 있느냐?"라고 물어 봅니다.
- 그들은 "있나이다. 그가 당신보다 앞서 갔으니 빨리 가십시오"라고 합니다.
- 백성들이 오늘 산당에서 제사를 드리므로 그가 오늘 성읍에 들어오셨다고 합니다.
- 지금 성읍으로 올라가서 산당에 올라가기 전에 곧 만나라고 합니다.
- 그들은 마침 산당으로 올라가려고 마주 나오는 사무엘을 만납니다.

자세히 살펴보면, 서로 마주보면서 말할 수 있도록 정확한 시간에 정확한 장소에 역사하시는 하나님의 섭리를 깨달을 수 있습니다. 하나님의 계획은 세밀하게 살펴보지 않으면 스쳐 지나치게 될 수도 있습니다. 하나님은 선견자 사무엘을 통하여 사울을 이스라엘의 왕으로 세우시는 과정을 이루고 계십니다. 사울과 사무엘의 만남은 우연이 아닌 하나님의 세밀하신 섭리입니다.

본문 중에서 관찰과 묵상을 나누어 보았습니다. 그러나 특별히 나에게 필요한 적용을 성령님께서 떠오르게 하셨습니다.

〈적용을 위한 질문〉

● 나는 사환과 같이 낮은 신분의 사람이나 아이들의 의견을 무시하지는 않았는가?
● 나는 대화 중에 상대편의 의견을 경청하고 있는가?
● 모든 사람과의 대인관계는 어떠한가?
● 하나님의 영광을 위한 목적을 이루어 가는 삶을 살고 있는가?

〈적용을 위한 성경 말씀〉

● "지혜없는 자는 그의 이웃을 멸시하나 명철한 자는 잠잠하느니라" (잠 11:12).
● "임금이 대답하여 이르시되 내가 진실로 너희에게 이르노니 너희가 여기 내 형제 중에 지극히 작은 자 하나에게 한 것이 곧 내게 한 것이니라 하시고"(마 25:40).
● "형제 사랑하기를 계속하고 손님 대접하기를 잊지 말라 이로써 부지중에 천사들을 대접한 이들이 있었느니라"(히 13:1-2).

적용은, 각자가 본문에서 오늘의 말씀을 받아 개인적이고 구체적으로 적용해 보시기 바랍니다.

사무엘상 9장 1-14절의 말씀을 묵상하고 며칠이 안 되어 체험한 간증을 소개하겠습니다.

"우리의 만남은 우연이 아니야"

우리 부부는 내일 할 일들을 서로 이야기하곤 합니다. 남편은 내일 LA에 나갈 일이 있는데, 2시간 정도 사우나에서 시간을 보낼 수 있는지 나에게 물었습니다. 사우나에서 조용히 휴식을 취할 생각을 하니 반가웠습니다. 남편은 새로 오픈하여 시설이 좋은 곳으로 가는 것이 좋을 것 같다고 말하였지만, 나는 전부터 다니던 사우나가 익숙하고 편한 느낌이 들어 다니던 곳으로 갔습니다.

한쪽에 앉아 몸을 씻고 있는데, 나이 많으신 할머니가 나를 보고 또 보고 하는 것을 느낄 수 있었습니다. 내가 할머니를 쳐다보면 할머니는 시선을 피하다가 내가 안 보면 어느새 다시 나를 보고 계시는 것이었습니다.

내 마음에 오늘은 나보다 먼저 저 할머니의 몸을 씻어 드리고 싶은 생각이 들었습니다. 보통은 손이 잘 닿지 않는 등만을 닦아드리면 될 텐데, 오늘따라 할머니의 온 몸을 정성껏 씻어드리고 싶은 마음이 들었습니다. 허리가 굽은 할머니는 한 걸음 한 걸음 힘든 발걸음으로 내 앞쪽에 앉으셨습니다. 나는 할머니에게 등을 닦아드려도 괜찮을까 싶어 조심스럽게 물어보았습니다. 할머니는 기다린 듯한 얼굴로 너무나 말을 하고 싶었는데 먼저 말을 건네 줘서 고맙다고 했습니다. 그때부터 따뜻한 물을 등에 뿌려가며 할머니 몸을 닦아드리면서 "할머니, 교회 다니시지요? 권사님이시죠?"하며 자연스럽게 이야기를 하게 되었습니다.

할머니는 부모님 때부터 믿어오는 기독교 가정에서 자랐고, 시간만 있으면 기도와 말씀 보는 것을 쉬지 않으며, 교회에서도 몸을 아끼지 않고 헌신하며 신앙 생활을 하고 있다는 89세의 권사님이셨습니다.

할머니는 최근 들어 기력이 약하여 걸음도 잘 걷지 못하시는데, 하나님이 강권적으로 사우나로 보내주셨다며 누가 부르는 것처럼 "죽으면 죽으리라" 하는 마음으로 일곱 달 만에 오셨다고 하셨습니다. 권사님은 아들과 함께 살고 있는데 집에 없는 것을 알면 식구들이 얼마나 놀랄지 모른다고 걱정하면서도, 하나님이 이곳으로 왜 보내주셨는지 이제야 알겠다며 이야기를 시작하셨습니다.

할머니는 몇 마디 대화를 하다가 갑자기 한쪽 손을 펴보라고 했습니다. 손가락 하나하나를 가리키며 하시는 말씀이 "손가락의 길이가 다 다르듯이 각자 마음에는 사람에 따라 반드시 사랑의 정도에 차이가 있는 것이오"라고 말씀하셨습니다. 그러나 전혀 내색하지 말고 두루 포용하며 사랑하라는 것이었습니다. 그리고 몸담고 있는 교회를 위해 쉬지 말고 기도하라고 하셨습니다.

권사님은 미국에서 50여 년 동안 교회를 섬기면서 얼마 전까지만 해도 온갖 궂은 일들을 마다하지 않고 봉사하셨다고 하셨습니다. 그러나 지금은 나이도 많고 허리까지 다치고 몸도 다 망가졌고, 얼마 안 있으면 하나님 앞에 갈 텐데 늙은 몸을 기쁨으로 드리고 싶다고 하셨습니다.

권사님의 말씀을 들으며, 하나님께서는 권사님을 통하여 부족한 나에게 가장 필요하고 중요한 말씀을 들을 수 있도록 만남의 기회를 주신 것이라 생각하고 권사님의 말씀을 소중히 간직하게 되었습니다. 말씀을 하시는 동안 권사님의 얼굴은 환하게 빛나고 있었고 무척 아름다워 보였습니다. 말씀이 끝날 무렵까지 나는 더운물을 뿌려가며 계속 권사님의 몸을 씻겨드렸습니다. 계속해서 권사님은 "성령님이 나를 이곳에 보내셨고 우리의 만남은 우연이 아니야"라는 말씀을 하셨습니다. 그 마지막 말씀을 들으며 아쉬운 마음으로 헤어졌습니다.

하나님은 우리에게 믿음 안에서 서로 사랑함으로 소망을 이루어 갈 수 있는 기회를 계속 주십니다. 우리가 보기에는 스치고 지나갈 수 있는 평범한 순간일지 몰라도, 이처럼 일상적인 삶 속에서 주님을 만날 수 있습니다. 마치 우물가에서 그리스도를 만난 사마리아 여자처럼 말입니다.

제3장

큐티 나눔과 나눔방

1. 큐티 나눔(Share with others)

나눔은 성도들이 일반적으로 일주일에 한 번 정도 소그룹인 나눔방으로 모여 각자가 집에서 큐티를 하면서 받은 은혜를 서로 나누는 과정입니다. 즉 나눔이란 버려져야 할 죄를 회개하며 받은 말씀과 체험한 은혜를 방원들과 함께 나누고 채움으로 보다 아름다운 큐티의 열매를 거두는 과정이라고 하겠습니다. 지금부터는 큐티의 나눔이 신앙생활에 얼마나 중요하고 필요한지, 성령님이 어떻게 역사하시는지를 나누어 보려고 합니다.

큐티 나눔방은 방원들이 모여서 성령 안에서 받은 말씀과 은혜의 삶을 진솔하게 나누며 중보기도하는 곳입니다. 서로가 체험한 감사나 기쁨을 나누며 서로 세워주고 중보하며 새로운 삶을 결단하는 사랑의 공동체입니다.

지금까지의 경험으로 보면 보통 여덟 명 미만인 6-7명 정도 모이는 것이 적당한 것 같습니다. 이보다 많은 인원이 모이게 되면 각 개인의 나눔 시간에 구애를 받을 수 있고, 나눔방의 분위기도 형식적인 큐티가 될 수 있습니다.

사람들은 누구나 풍요로운 환경에서 살고 있을지라도 만족하지 못하고 끊임없이 무엇인가를 더 채우고 싶은 마음이 있습니다. 그것이 무엇인지 본인 자신도 잘 모르지만 내면 깊은 곳에서 항상 무엇을 갈망하고 있는 것이 우리의 마음입니다. 때로는 공허함이 밀려오기도 하며 혹은 다른 무엇에 집착하고 싶어질 때도 있고 마음이 산만하여 분주해지기도 합니다. 욕망은 끝이 없습니다. 우리는 무엇으로 갈급함을 채우며 소망을 바라보며 기쁨과 평안을 누릴 수 있을까요?

이 갈급하고 방황하는 마음은 어디에서 오며, 이 목마름을 어떻게 해결할 수 있고, 어떻게 소망 안에서 인내하며 감사와 기쁨과 평안을 누릴 수 있을까요?

"그리스도의 말씀이 너희 속에 풍성(豊盛)히 거하여 모든 지혜로 피차 가르치며 권면하고 시와 찬송과 신령한 노래를 부르며 감사하는 마음으로 하나님을 찬양하고"(골 3:16).

"모든 기도와 간구를 하되 항상 성령 안에서 기도하고 이를 위하여 깨어 구하기를 항상 힘쓰며 여러 성도를 위하여 구하라"(엡 6:18).

하나님은 사람을 하나님의 형상대로 지으시고 곁에서 동행하며 말씀에 순종하기를 원하셨습니다. 그런데 사람이 과욕으로 본분을 망각하고 하나님 말씀에 불순종하여 하나님과의 관계가 단절되었습니다. 땀을 흘려야 소산을 먹을 수 있게 된 우리는 태초의 삶으로 회복되기를 끊임 없이 갈망하고 있습니다.

갈망을 채울 수 있는 방법은 오직 예수 그리스도를 믿는 믿음 안에서 매일 하나님의 말씀을 묵상하여 하나님을 알아가는 것입니다. 하나님의 뜻을 삶에 적용함으로 하나님과 연합된 관계를 회복하는 길 외에는 다른 방법이 없습니다.

하나님의 말씀 안에 살게 되면 내 안에 하나님을 모시게 되고, 비록 환경은 달라지지 않았을지라도 심령이 경건해지고 평안해짐으로 확신하는 소망 안에서 하나님께 대한 감사와 기쁨이 살아나게 됩니다. 큐티 나눔방에서 말씀을 삶에 적용하고 결단하는 것은 하나님 앞에서 선포하고 결단하는 의미이기도 합니다.

나눔방에서 방원들과 함께 받은 은혜를 나누고 방원들이 나누는 간증을 듣고 있으면 서로 새로운 도전과 위로를 받습니다. 나눔방에 모이는 성도들은 환경과 성격과 영성과 받은 은혜와 말씀 묵상 등이 다양하여 내가 미처 깨닫지 못하였던 은혜를 받을 수 있습니다.

마치 잘 타고 있는 장작이라도 홀로 두면 얼마 안가서 불이 꺼져가나, 많은 장작을 함께 태우면 작았던 불이라도 시너지(synergy) 효과로 활활 타는 것과 같다고 하겠습니다.

큐티 세미나를 할 때 나는 나눔방 부분에 특별히 비중을 많이 둡니다. 왜냐하면 나눔방을 하면서 나 자신이 많은 변화를 받았고 믿음과 영성이 자라났기 때문입니다. 큐티는 오랫동안 했다든지 잘한다는 표현은 있을 수 없습니다. 그때그때마다 새로워지는 변화가 있는 것이 중요합니다.

나눔방에서 있었던 일을 예로 들어보려 합니다.

어느 날 K 집사님은 피곤한 모습으로 나눔방에 참석했습니다. 큐티 노트가 새까맣도록 큐티를 열심히 해왔습니다. 그동안 묵상도 열심히 한듯하고 마음속으로 어떤 갈등을 하였었는지 피곤이 쌓인 모습이었습니다. 순서가 되어 묵상한 내용을 은혜롭게 나눈 다음 적용 부분을 나누려고 하는데 도저히 용기가 나지 않는다는 것입니다. 상대편을 너무 의식하고 있었기 때문에 몹시 힘들어하는 모습이었습니다. 내면의 갈등이 집사님을 괴롭게 하는 것 같았습니다. 갈등을 느낀다는 것은 이미 성령님이 집사님의 마음을 만지고 있다는 것을 보여 주는 것이었습니다.

우리들은 집사님을 위하여 합심으로 기도한 후 권면했습니다. 집사님은 비로소 용기를 내어 어려운 이야기를 솔직하게 말하고 난 후 적용을 하며 결단하는 모습을 보고 우리 모두는 은혜를 받았습니다. 받은 말씀으로 나의 은혜롭지 못한 약점을 드러내며 적용한다는 것이 처음에는 부자연스럽고 부담이 되기도 합니다. 그러나 집사님의 성격상 혼자서는 도저히 할 수 없던 결단을 나눔을 통하여 할 수 있었습니다.

큐티 나눔방원이 되면 큐티를 해야 한다는 부담감과 때로는 나눔방의 흐름을 따라가기 위해서도 큐티를 지속하게 됩니다.

나 역시 몇 군데 나눔방을 꾸준히 섬기는 동안 말씀 묵상에 관련된 많은 서적들을 탐독하는 등 보다 많은 시간과 노력을 드리며 꾸준하게 기도할 수 있었던 것도 돌아보면 나눔방을 통하여 받은 은혜입니다. 하나님께 감사를 드립니다.

다음은 25여 년 동안 교목으로서 학생들의 신앙을 지도하였던 목사님이 큐티를 알게 된 후 나눔방에서 말씀 묵상과 적용의 은혜를 나눔으로 변화받은 간증을 했습니다.

"말씀과 함께 하나님과 함께"

내가 큐티를 접하게 된 것은 ANC온누리교회에서 큐티 세미나에 참석한 이후이다. 큐티에 관한 기본적인 내용을 공부하고 그대로 실천하려고 노력했으나 며칠 하다가 중단하기를 반복하였다.

마침 이혜정 권사님께서 큐티 나눔방을 인도하신다는 광고를 듣고 2012년 1월 7일부터 나눔방이 시작되었다. 이혜정 권사님께서는 ANC온누리교회의 초창기부터 큐티 나눔방을 인도해 오신 분으로 큐티에 대한 열정과 감동이 넘치는 분이시고, 지속적으로 지금까지 큐티를 해오신 분이다. 여섯 명으로 시작한 큐티 나눔방은 처음에는 서툴게 시작했지만 지금은 격식을 갖추어 진행되고 있으며, 삶의 아픈 부분까지 나누면서 눈물을 흘릴 때도 있고 기도를 부탁하면서 서로의 삶을 나누고 있다.

큐티 나눔방이 없었다면 나는 지금도 큐티를 지속적으로 할 수 없었을 것이다. 자기의 삶을 나눈다는 것은 부담스러운 부분도 있지만, 하나님의 말씀에 뿌리를 두고 조금씩 변화되는 자신을 발견하게 된다. "진리가 너희를 자유케 하리라"는 말씀처럼 큐티 본문을 통해 나의 삶에서 자유함을 얻은 세 가지를 말씀드리려고 한다.

첫째, 설교를 할 때 나의 지식으로 하지 않고 하나님께만 전적으로 의지하게 되었다.

큐티 본문이 고린도후서 1장 12-22절 말씀이었는데, 바울이 육체의 지혜가 아닌 하나님의 은혜로 고린도교회에 행한 것이 자랑이라고 말한 1장 12절 말씀에 도전을 받았다. 나는 그동안 설교를 준비할 때 내가 알고 있는 지식과 책에서 얻을 수 있는 지혜로 하였고, 설교하기 전에 "나의 설교를 듣고 사람들이 감동받게 해달라"는 기도를 드렸다.

그런데 이것도 교만인 것을 깨닫게 해주셨다. 이후로는 원고에 의지하는 것이 아니라 전적으로 성령께 의지하며 설교하게 되었다. 나의 힘으로 설교를 잘해보려고 했을 때의 부담감에서 벗어나 하나님의 은혜로 설교하는 자유함을 얻게 된 것이다.

둘째, 나의 자녀에 대해 자유함을 얻게 되었다.

큐티 본문 히브리서 12장 1-13절 말씀을 묵상하는 중에 1절 말씀에 "모든 무거운 것과 얽매이기 쉬운 죄를 벗어버리고…"에서 멈춰버렸다.

'나에게 무거운 것이란 무엇인가?'

그것은 자녀 문제였다. 하나님께 맡긴다고 수없이 기도하였기에 맡긴 줄 알았는데 도로 찾아와 걱정하고 있는 것이다. 머리로는 맡겼는데 마음으로는 아직도 내가 붙들고 있었으며 내 소유로 생각하고 있던 것이다. 나 중심이고 내가 주인이었다. 이날 하나님께 진심으로 회개하고 하나님께서 내 자녀들의 문제를 맡아 달라고 기도드렸다. 내가 변해야 나의 가정이 변한다는 것을 다시 깨닫게 해주셨다.

셋째, 앞으로의 내 삶의 지표를 알려 주셨다.

큐티 본문 사무엘상 2장 1-11절 말씀, 한나의 기도 중에 "…내 마음이 여호와로 말미암아 즐거워하며 내 뿔이 여호와로 말미암아 높아졌으며 내 입이 내 원수들을 향하여 크게 열렸으니 이는 내가 주의 구원으로 말미암아 기뻐함이니이다…"라고 10절까지 하나님을 높이며 찬양하는 노래가 이어진다. 하나님을 높이면 나는 자연히 낮아질 수밖에 없고 내 삶의 귀결은 여호와 하나님이시다. 이날 말씀은 나의 마음을 벅차게 만들었고, 내 삶의 이유와 지표를 확실히 가르침받은 날이었다.

내가 만일 큐티를 하지 않았다면 이 모든 것을 어떻게 깨달을 수 있었을까. 말씀 묵상은 내 삶의 젖줄이다. 여기서 에너지를 얻고 삶의 이유와 목적을 찾는다. 하나님께서 나에게 "너의 소원이 무엇이냐"라고 물으신다면 "하나님 나라에 갈 때까지 하나님을 높이며 하나님과 친밀한 관계를 갖는 것입니다"라고 대답할 것이다.

- 김OO 목사

큐티는 성경 통독과는 다릅니다. 그러나 말씀 묵상에는 성경 통독이 큰 도움이 됩니다. 왜냐하면 성경 전체의 흐름과 배경과 하나님의 뜻을 거시적인 눈으로 보다 정확하게 깨달을 수 있기 때문입니다. 그리고 가능하면 묵상에 도움이 되는 서적을 많이 읽는 것이 좋습니다.

앞에서도 언급한 것처럼 큐티 나눔방은 서로 은혜를 나누고 결단을 선포하는 곳입니다. 사랑 안에서 십자가의 능력이 임하여 바라는 회복과 치유를 체험함으로 기쁨의 생수를 마시는 곳입니다. 사랑과 섬김이 자연스럽게 일어납니다. 살아 계신 예수 그리스도와 친밀한 교제를 하며 생명의 양식을 공급받는 곳입니다.

누구나 사노라면 생각지도 않았던 일들로 고통받을 때가 있습니다. 그럴 때 나는 아가서 2장 10-13절을 즐겨 묵상합니다.

"나의 사랑하는 자가 내게 말하여 이르기를 나의 사랑, 내 어여쁜 자야 일어나서 함께 가자 겨울도 지나고 비도 그쳤고 지면에는 꽃이 피고 새가 노래할 때가 이르렀는데 비둘기의 소리가 우리 땅에 들리는구나 무화과나무에는 푸른 열매가 익었고 포도나무는 꽃을 피워 향기를 토하는구나 나의 사랑, 나의 어여쁜 자야 일어나서 함께 가자."

2. 큐티 나눔방

1) 작은 교회입니다

큐티 나눔방은 에베소서 4장 13-16절 말씀과 같이 성령 안에서 하나님의 말씀과 사랑으로 한 사람 한 사람이 변하여짐으로 교회를 든든히 세워 나가는 작은 교회입니다.

나눔방은 성령님이 역사하시므로…

- 죄와 허물을 진솔하게 회개하는 곳입니다.
- 성령님이 역사하시는 곳입니다.
- 사랑을 실천하는 곳입니다.
- 중보기도를 하는 곳입니다.
- 기도의 능력을 체험하는 곳입니다.
- 부족함을 채우는 곳입니다.
- 인격이 변화되고 치유와 회복이 일어나는 곳입니다.
- 하나님의 소명을 받아 사역으로 나가는 곳입니다.

말씀을 서로 나누며 삶에 적용하는 것이 얼마나 중요한지 체험을 통하여 알아보겠습니다. 큐티 나눔방은 개성과 자라난 환경과 현재의 형편이 다르고 믿음의 연륜도 다른 자매님들이 한 성령과 사랑으로 진리 안에 모인 곳입니다. 또한 모임이 계속될수록 어린아이 같은 진솔한 마음이 되어 서로 은혜를 나누며 적용한 말씀이 아름다운 열매로 나타나는 곳입니다.

이러한 은혜로 물동이를 던지고 마을로 달려가 복음을 전한 사마리아 여자처럼, 일주일 동안 큐티를 하며 받은 은혜를 홀로 간직하기엔 가슴이 벅차오고 설레어 나눔방에 오는 날을 기다리게 됩니다.

받은 말씀과 은혜를 지속적으로 나누며 사랑과 기도로 서로를 격려하고 세워줌으로, 방원들이 밝은 모습으로 흔들림 없는 믿음으로 살게 되었다는 간증을 많이 듣고 있습니다. 교회에서도 기쁨으로 봉사하고 있다는 소식을 들을 때마다 살아 계신 하나님의 은혜를 생각하며 감사를 드립니다. 이처럼 지체의 영이 살아남으로 섬기는 공동체도 믿음과 사랑으로 든든히 서게 됩니다. 교회가 성령이 충만한 교회, 사랑이 있는 교회, 기도의 능력이 있는 교회로 성장하기 위해서는 큐티가 소그룹과 접목되는 것이 효과적이라고 생각합니다.

큐티는 믿음과 인격이 성숙되는 영성훈련입니다. 모든 훈련이 그렇겠지만, 특히 영성훈련은 쉽지 않기 때문에 혼자서는 지속하기가 힘듭니다. 마치 체육관에서 꾸준히 사람들과 경쟁적으로 땀을 흘리며 열심히 운동하는 것과 같다고 하겠습니다.

"백성들아 시시로 그를 의지하고 그의 앞에 마음을 토하라 하나님은 우리의 피난처시로다"(시 62:8).

이 말씀이 큐티 나눔방의 근간이 되는 하나님의 말씀이라고 할 수 있습니다. 나눔은 밭에 뿌린 씨의 열매를 추수하는 과정이라고 할 수 있습니다. 큐티는 나눔을 통하여 아름다운 열매로 성숙되기 때문입니다.

2) 나눔방에서 주의할 점

① 입술을 다스려야 한다

"이와 같이 혀도 작은 지체로되 큰 것을 자랑하도다 보라 얼마나 작은 불이 얼마나 많은 나무를 태우는가 혀는 곧 불이요 불의의 세계라 혀는 우리 지체 중에서 온 몸을 더럽히고 삶의 수레바퀴를 불사르나니 그 사르는 것이 지옥 불에서 나느니라"(약 3:5-6).

나눔은 내용이 어느 방향으로 흐르느냐에 따라 나눔의 핵심이 다른 방향으로 흘러갈 수 있습니다. 나눔은 어디까지나 영적인 분별력을 가지고 복음 중심으로 진행되어야 합니다.

오래 전 어느 자매님이 나눔을 하는데, 처음에는 묵상한 내용을 나누다가 슬며시 자기 자랑이 아니면 다른 사람의 험담을 하는 것이었습니다. 다른 자매님들은 그것이 그 자매님의 습관인 것을 알고 기도하며 기다렸습니다. 얼마 후 자매님이 말씀 중심으로 돌아왔습니다.

나눔방에서 가장 중요한 것은 말조심입니다.

할 말과 해서는 안 될 말을 생각해야 합니다. 개인적인 내용은 누설해서 안 됩니다. 본인의 허락 없이 외부 사람에게 기도 제목으로도 내놓아서는 안 됩니다. 하고 싶은 말을 참는 것도 믿음이 성장하는 과정입니다. 나눔방에서 있었던 비밀스런 내용들이 외부에 누설되면 나눔방을 오래 지속할 수 없을 뿐만 아니라 방원들에게 상처를 줄 수도 있습니다. 더구나 불필요한 말을 함으로써 자신의 마음도 힘들어집니다.

"온순한 혀는 곧 생명나무이지만 패역한 혀는 마음을 상하게 하느니라"(잠 15:4).

"허물을 덮어 주는 자는 사랑을 구하는 자요 그것을 거듭 말하는 자는 친한 벗을 이간하는 자니라"(잠 17: 9).

하나님은 내가 처음 큐티를 시작하였을 때 약 3개월 동안 기도로 혹은 책을 통하여 입술에 대한 훈련을 시키셨습니다. 처음에는 왜 그러시는지 하나님의 뜻을 알지 못했습니다. 지나고 보니 나눔방에서 개인문제를 오픈하는 것은 하나님 앞에 토하는 것이기 때문임을 깨닫게 되었습니다(시 62편). 나눔방에서 고백하는 개인적인 비밀은 다만 상담과 중보기도를 위한 것입니다.

② 진솔해야 한다(정직한 영, 정결한 마음)

'자존심을 버리고 성령님의 인도하심에 따라 진솔한 마음으로 임하고 있는가? 아니면 가식적이거나 교만한 마음으로 세상적인 자랑을 하고 있지는 않는가?' 적용하려다 실패한 경험과 허물까지도 정직하게 나누는 것이 유익합니다.

"정직한 자의 성실은 자기를 인도하거니와 사특한 자의 패역은 자기를 망하게 하느니라"(잠 11:3).

"너는 그의 말씀에 더하지 말라 그가 너를 책망하시겠고 너는 거짓말하는 자가 될까 두려우니라"(잠 30:6).

③ 상대방에게 설교하려고 하지 말라

특별히 인도자는 항상 겸손한 마음으로 다른 방원의 말을 끝까지 경청해야 합니다. 섬기는 자세로 방원들을 존중하며 내용이 좀 이상하게 흘러가더라도 중간에 말을 끊는다든지 끼어드는 일은 삼가하는 것이 좋습니다.

'우리'란 표현보다는 '내가'라는 표현으로 내 말을 해야 합니다(제삼자의 말을 하지 말자). 그리고 다른 사람에게 상처되는 말은 피하는 것이 좋습니다.

④ 서로 배려하는 마음

다른 사람을 배려하여 사적인 말은 될 수 있는 한 짧게 하고 나눔의 핵심을 잃지 말아야 합니다. 듣는 사람은 잘 경청해야 하며 판단해서는 안 됩니다.

나눔이 끝나면 서로 중보기도를 하는 것이 더욱 좋습니다.

"그러므로 남을 판단하는 사람아 무론 누구든지 네가 핑계치 못할 것은 남을 판단하는 네가 같은 일을 행함이니라"(롬 2:1).

"외식하는 자여 먼저 네 눈 속에서 들보를 빼어라 그 후에야 밝히 보고 형제의 눈 속에서 티를 빼리라"(마 7:5).

나눔방은 서로 은혜를 사모하며 변화받고자 하는 마음과 사랑으로 섬기는 자세로 나아가야 합니다. 그리고 나눔방의 인도자는 한 사람 한 사람의 영적 흐름과 변화를 늘 감지하면서 기도와 사랑으로 그리고 변함없는 태도로 섬겨야 합니다.

3. 큐티 나눔방의 열매

나눔방은 상담과 내적치유와 중보기도를 통해 회복이 일어나는 소망의 샘터입니다.

1) 상담

방원들이 성령 안에서 은혜를 나누며 말씀을 삶에 적용할 것을 결단하며, 또한 각자의 어려운 문제들을 진솔하게 내어놓고 말씀을 중심으로 상담하는 곳입니다.

예수님의 말씀처럼 매일 지은 죄를 회개하지 않으면 내 안에 말씀이 능력으로 역사할 수 없습니다. 마치 좋은 음식이나 보약을 먹었다 할지라도 걱정 근심이나 두려움이 마음을 누르고 있으면 건강에 빨간 신호등이 켜지는 것과 같습니다.

아담과 하와가 죄를 짓기 전에는 벌거벗었으나 부끄러움을 모르고 하나님 곁에 있었던 것(창 3:7-10)과 같이, 내면의 죄를 깨끗이 씻어야 부끄럽지 않은 정결한 마음으로 하나님 앞에 나아갈 수 있습니다. 죄를 벗지 못하면 무화과나무잎으로 수치를 가리고, 하나님을 피하여 숨고, 하나님을 두려워하며 자기 변명만을 하게 됩니다.

2) 내적 치유

신약성경 서신서 중에서 "주 안에서"나 "그리스도 안에서"라는 말씀을 많이 볼 수 있습니다. 이 말씀은 "나는 포도나무요 너희는 가지라 그가 내 안에, 내가 그 안에 거하면 사람이 열매를 많이 맺나니 나를 떠나서는 너희가 아무것도 할 수 없음이라"(요 15:5)고 하신 말씀과 같이 예수 그리스도와 연합된 상태를 말씀한 것이라고 하겠습니다. 주님의 은혜가 임할 수 있는 모습, 믿음과 소망 안에서 그리스도의 성품으로 변화되어 주님과 동행하는 믿는 자의 모습을 함축한 말씀이라고 하겠습니다.

이것이 내적치유의 목적입니다. 큐티 나눔방은 내면의 상처를 말씀과 기도와 상담으로 치유받아 주님의 형상을 닮은 새로운 피조물로 변화되는 곳입니다.

"그런즉 누구든지 그리스도 안에 있으면 새로운 피조물이라 이전 것은 지나갔으니 보라 새 것이 되었도다"(고후 5:17).

새로운 피조물로 거듭난 사람은 항상 감사와 소망의 기쁨 안에서 활력이 넘치는 긍정적인 삶을 살게 됩니다. 그러기 위하여 우리는 육신을 위하여 매일 하나님으로부터 일용할 양식을 공급받는 것과 같이 매일 큐티를 하고 꾸준히 나눔방에 참석하여 영의 양식인 살아있는 말씀을 공급 받는 것이 중요합니다.

① 치유와 회복의 간증 (1)

"그가 찔림은 우리의 허물 때문이요 그가 상함은 우리의 죄악 때문이라 그가 징계를 받으므로 우리는 평화를 누리고 그가 채찍에 맞으므로 우리는 나음을 받았도다"(사 53:5).

"그가 우리를 흑암의 권세에서 건져내사 그의 사랑의 아들의 나라로 옮기셨으니"(골 1:13).

오늘따라 딸이 활기찬 얼굴로 문을 두드렸습니다. 무슨 좋은 일이 있나 봅니다. 딸은 꽃무늬가 잔잔한 찻잔에 커피와 디저트를 테이블로 가지고 와 함께 마시며 최근 며칠 동안 하나님이 하여 주신 일에 대하여 이야기를 했습니다.

그토록 찾기 힘들었던 직장을 구하는 중에 전화로 인터뷰를 하는데, 첫 번 물음이 너는 크리스천이냐는 질문에 좀 놀라면서 자신 있게 대답하였답니다. 그리고 며칠 후에는 중•고등학교 미술 선생으로 가게 되었습니다. 늘 함께하시며 선한 길로 인도하여 주시는 하나님의 은혜를 체험한 것이라고 믿었습니다.

며칠에 한번씩 딸과 함께 말씀 안에서 진솔하게 나누는 큐티는 딸의 내면에 있는 어떤 것도 숨김없이 온전히 드러내어 하나님께 기도하며 울다 웃다 보면 시간이 가는 줄도 모르는 때가 종종 있습니다. 사랑하는 딸과 함께 가장 친밀한 친구가 되어 성령 충만한 가운데 하나님께 합심하여 기도를 드린 후 주기도문으로 끝을 맺습니다.

오래전 누구보다 솔직하고 착한 딸이 삶에 의욕을 잃고 힘들어 할 때 내 마음 또한 몹시 힘들었습니다. 특히 불쌍한 사람을 보면 그대로 지나치지 못하는 마음이 여린 딸은 견디기 힘든 마음의 상처로 영이 눌려 있었습니다.

그때 우리 부부는 오직 예수 그리스도의 십자가와 보혈을 의지하여 말씀으로 선포하며 하나님 앞에 부르짖어 기도했습니다. 그러던 어느 날 긍휼하신 하나님은 딸을 어둠에서 건져내어 승리케 하셨습니다.

지금 생각해 보면, 하나님은 이전부터 우리 가족을 택하여 믿음으로 연단해 주셨기에, 이처럼 힘들었던 시간을 지치지 않고 합심하여 기도드릴 수 있었던 것 같습니다. 기도가 너무 힘들고 지쳐서 포기하고 싶을 때도 있었습니다.

예수님이 우리를 위하여 몸소 당하시는 고통과 십자가의 사랑을 생각하며, 내 딸을 끝까지 사랑으로 감쌀 수 있는 힘을 간구했습니다. 하나님의 말씀을 굳게 믿었기에 소망 안에서 인내할 수 있었습니다.

주시는 말씀으로 끝까지 인내하며 하나님이 함께하시는 어머니의 사랑으로 감싸며 기도할 때, 하나님은 무너졌던 딸을 일으켜 주셨고 잃었던 것들을 채워 주시는 것을 체험했습니다.

그리고 하늘 문을 열어 주셨기에 새로운 소망을 바라보며 기쁨과 희락으로 하나님께 영광을 드리며 살게 되었습니다.

② 치유와 회복의 간증(2)

큐티사역을 시작한 지 몇 년 안 되었을 때의 이야기입니다.

건조하고 더운 어느 날, 또다시 내적치유의 테이블 리더로 섬기게 되었습니다. 그 자리는 힘들고 지친 영혼들이 내면에 있는 죄와 허물과 상처 등 무거운 짐을 그리스도의 십자가 앞에 내려놓고 말씀과 십자가의 능력으로 하나님을 만나며 치유되는 곳입니다.

예수님의 보혈은 우리를 죄에서 자유케 하며 하나님의 사랑을 체험하게 함으로 평안과 영혼의 안식을 누릴 수 있는 아름다운 시간과 공간입니다.

나는 내가 섬기게 될 테이블에서 만날 성도님들을 기대하며 며칠 전에 받은 명단을 놓고 한 명 한 명을 머릿속에 그려가며 기도했습니다. 내적치유 캠프로 떠나는 날 한국 음식을 좋아하는 남편을 위해 프라이팬에 볶음밥을 만들어 알루미늄 포일로 덮어놓고 교회로 왔습니다.

남편이 식사 때가 되어 알루미늄 포일을 여는 순간 포일의 날카로운 모서리가 피할 사이도 없이 왼쪽 눈동자를 스쳤답니다. 남편은 식사도 못하고 눈에 안약을 넣고 한동안 소파에 누워 있었는데 다행히 눈동자 표면에만 상처가 났다고 합니다.

지난번 내적치유의 테이블 리더로 올라가는 날에도, 남편이 뒷마당에 물을 주다가 낮은 돌담 위로 미끄러져 큰 사고가 날뻔하였습니다. 내가 내적치유에 올라갈 때마다 남편을 표적으로 나를 공격하는 것을 직감적으로 느낄 수 있었습니다. 그러나 사탄이 나와 우리 가정을 공격할 때마다 맡겨진 테이블에 하나님의 놀라우신 역사가 임하리라는 확신이 들었습니다. 사탄의 공격이 시작된 것을 알고 더욱더 기도하였습니다.

테이블 멤버들은 대부분 처음 만나는 자매님들이었습니다. 테이블 멤버끼리도 서로가 초면인 자매들이 대부분이었습니다. 서로가 모르는 사람들이 모여 3박 4일 동안 한식구가 되어 하나님의 임재

안으로 들어가 경배와 찬양을 드리며, 내면을 드러내며, 하나님의 은혜를 사모하며 사랑을 나누는 것입니다. 특별히 나의 테이블 멤버들은 매일 이른 아침에 큐티로 예배를 드렸습니다. 그런데 우리 테이블 자매님 중에 유난히 부정적이며 따로 행동하는 등 힘들게 하는 자매님이 있었습니다. 우리는 그 자매님을 위하여 합심으로 기도하기 시작했습니다.

이틀째 되는 날, 테이블 멤버들이 둘러앉아 가운데 앉은 그 자매님을 위하여 기도하는 중에, 내 눈에 전혀 상상하지 못한 자매님의 이상한 모습이 선명하게 보였습니다. 자매님의 얼굴로부터 몸 전체가 굵은 밧줄로 꽁꽁 묶여 숨막혀 하는 모습이었습니다. 나는 그 자리에서 나도 모르게 그 자매님을 묶고 있는 밧줄을 풀어 달라고 하나님께 간절히 기도를 드렸습니다. 그 자매님이 밧줄로 숨도 못 쉴 정도로 영이 결박되어 있는 것을 볼 때 내 가슴이 너무 아파왔으며, 기도를 계속하는 중에 그 자매님의 얼굴이 갑자기 변하며 이상한 시늉을 하고 혀가 상상할 수 없을 만큼 길게 빠져나왔습니다.

그런 모습을 처음 본 나는 이러다가 혹시 그 자매님에게 무슨 불상사가 일어나면 어떻게 해야 할지 당황스럽기조차 했습니다. 안타까운 마음으로 혼신을 다하여 기도를 계속하고 있는데 얼마 후 혀는 정상으로 돌아왔으며, 기운을 잃고 조용히 누운 채로 잠들어 있는 자매님의 모습은 조금 전과는 전혀 다른 편안하고 아름다운 모습이었습니다.

잠에서 깨어난 그 자매님의 입에서 나오는 첫 마디는, 하나님은 나 같은 죄인도 사랑하고 계신다고 하며 울음을 터트렸습니다. 그리고 "너희가 전에는 어둠이더니 이제는 주 안에서 빛이라 빛의 자녀들처럼 행하라"(엡 5:8)고 하신 말씀처럼 지금까지 삶을 묶고 있었던 힘들었던 일들을 부끄러움 없이 내어놓았습니다.

내적치유의 마지막 날, 우리는 지금도 살아 역사하시는 하나님의 능력을 체험함으로 내면의 모든 상처를 내려놓고, 사랑 안에 하나가 되어 죄에서 자유를 얻고 빛의 자녀가 되어 아름다운 모습으로 캠프를 내려올 수 있었습니다.

나는 큐티 사역으로 하나님이 주신 그리스도의 사랑을 전하는 사명의 길에 하나님께서 항상 동행하심에 감사하며, 겸손한 마음으로 오늘도 묵묵히 큐티 나눔방을 섬기고 있습니다.

3) 중보기도

큐티 나눔방에서는 방원들이 기도제목을 일일이 내어놓지 않아도, 각자가 묵상한 말씀을 나눌 때 성령님은 이미 우리의 마음속에 기도할 제목을 인도해 주십니다. 성령님의 인도에 따라 중보기도를 하면 놀라운 역사를 체험하게 됩니다.

허물과 죄와 상처를 하나님 앞에 통회자복한 방원이 치유되고, 또 치유받은 심령이 완전하게 회복되도록 전심으로 합심하여 중보기도를 드릴 때 십자가의 능력이 임하여 우리의 기도가 응답받게 됩니다.

4) 새 소망

나눔방에서 각자가 받은 은혜를 서로 나눔으로 은혜에 은혜가 더할 때 삶에 회복이 일어나며, 회복의 체험으로 믿음이 자라고 믿음 안에서 소망이 살아납니다.

- 서로의 나눔을 통하여 자신이 미처 깨닫지 못한 은혜를 받게 됨으로 은혜에 은혜가 더하게 됩니다.
- 몸과 마음이 성결하고 맑게 되어 하나님이 늘 내 안에 편안하게 함께 계십니다.
- 내 안에 하나님이 계심으로 두려움이 떠나고 매사에 신중하며 담대해집니다.
- 망령된 행동을 하지 않습니다.
- 기도에 능력이 나타납니다.
- 치유와 회복을 체험한 기쁨 안에서 소망의 샘물을 서로 마시는 곳입니다.

"지혜는 그 얻은 자에게 생명나무라 지혜를 가진 자는 복되도다"(잠 3:18).

"지혜 있는 자의 교훈은 생명의 샘이니 사망의 그물에서 벗어나게 하느니라"(잠 13:14).

큐티 나눔방에 참석하고 있는 한 집사님의 간증을 들어보겠습니다.

"큐티 나눔방은 은혜의 도가니"

그동안 큐티를 집에서 혼자 오랫동안 하였는데 토요일 새벽 예배를 드린 후 큐티 나눔방에 참석하게 되었습니다. 처음에는 깊은 내용의 이야기를 오픈할 마음도 용기도 나질 않았습니다. 그러나 나눔방에 몇 번 참석하다 보니, 서로가 가까워져 허물이 없어지고 분위기에도 익숙해져 마음이 편해졌습니다. 그리고 다른 큐티 방원들처럼 자연스럽게 깊은 이야기까지 내어놓고 합심하여 기도를 하게 되었습니다.

집에서 혼자 할 때보다 방원들과 함께할 때 성령님이 마음 문을 열어주시고 은혜 안으로 이끌어 주시는 것을 느꼈습니다. 내가 혼자 큐티를 하며 받는 은혜보다 방원들로부터 받는 은혜로 나 자신과 큐티가 달라져 가고 있는 것을 체험하게 되었습니다.

얼마 전에는 교회에서 브라질로 선교를 갔었는데 그곳에서 큐티 세미나를 인도하고 돌아왔습니다. 먼저 하나님 앞에 나의 모든 것을 진솔하게 내어놓을 때 하나님께서 놀라운 은혜로 역사해 주시는 것을 체험하였습니다. 이제 하나님이 역사하시는 큐티의 진미를 맛보게 된 은혜에 하나님께 감사와 영광을 드립니다.

제4장

사역과 간증

1. 사역의 길

사역은 거둔 씨를 다시 뿌리기 위하여 넓은 들판으로 나가는 것이라고 하겠습니다. 우리에게 향하신 하나님의 뜻은 우리 모두가 하나님의 백성이 되어 이 땅에 하나님 나라를 이루어가는 것입니다(마 6:10 주기도문). "나는 선한 싸움을 싸우고 나의 달려갈 길을 마치고 믿음을 지켰으니 이제 후로는 나를 위하여 의의 면류관이 예비되었으므로 주 곧 의로우신 재판장이 그날에 내게 주실 것이며 내게만 아니라 주의 나타나심을 사모하는 모든 자에게도니라"(딤후 4:7-8)고 한 사도 바울의 마지막 고백처럼, 우리는 부르시는 곳이면 어디든지 기꺼이 달려가 기쁨으로 사랑을 전해야 합니다.

복음은 예수 그리스도의 사랑입니다.

그리스도의 사랑으로 구원받고 하나님이 예비하신 신령한 복을 회복하는 굿 뉴스입니다. 믿는 자는 삶에 성령의 열매가 있어야 합니다. 사랑을 실천하는 삶을 살아야 합니다. 삶 속에서 바라는 것들이 실상으로, 보이지 않는 것들이 증거로 나타나야 합니다.

복음 사역의 대표적인 인물인 사도 바울의 생애를 살펴보면, 그는 다메섹에서 예수님을 만난 후 눈에서 비늘 같은 것이 벗겨지고 영의 눈이 뜨였습니다. 소명을 받았습니다. 그리고 그가 걸었던 소명의 길은 생사를 오가는 험난한 여정이었습니다. 그러나 주님이 그와 동행하셨기에 그는 어떤 환난 중에도 풍성한 열매의 영광을 하나님께 드릴 수 있었습니다.

그의 복음 사역은 영원히 계속되고 있습니다. 사도행전은 28장에서 끝나지 않고 계속 쓰여지고 있습니다. 하나님의 소명을 받은 자는 사도 바울과 같이 영의 눈이 뜨이며 예수님의 마음으로 세상을 바라볼 수 있게 됩니다(행 9:18). 그리고 예수 그리스도께서 그의 사역의 길에 함께하심으로 어떤 역경에서도 영광의 열매를 풍성하게 맺을 수 있도록 능력과 지혜를 주십니다.

그러므로 우리는 어느 장소, 어느 환경에서든지 하나님이 우리를 사랑하신 것같이 우리도 내 이웃을 사랑함으로 하나님의 뜻을 이루어가야 합니다. 그것이 바로 예수 그리스도의 형상을 닮아가며(롬 8:29), 하나님이 주시는 은혜와 평강이 충만한 삶을 사는 길입니다. 또한 새 예루살렘 성에 있는 생명나무로 가는 소망의 길을 걷는 것입니다.

"내게 능력 주시는 자 안에서 내가 모든 것을 할 수 있느니라"(빌 4:13).

2. 사역 간증

1) 집회를 위한 준비
(예수원에 뿌려진 큐티의 씨앗)

서울 집회를 위하여 인천 공항에 도착한 나는 사랑하는 H 집사님과 함께 태백으로 가는 기차를 탔습니다. 도심을 벗어난 순간 창밖으로 보이는 경치는 한폭의 그림을 보는 것 같았습니다. 여행의 피곤함도 잊고 새로운 조국의 아름다움에 감탄하며 한순간도 눈을 뗄 수가 없었습니다. 강변에 늘어선 아름다운 집들이며, 우거진 신록 사이를 달리는 기차에서 나는 그야말로 풍경화의 그림 속을 달리는 것 같았습니다. 가는 동안 내내 하나님이 주신 아름다운 경치에 도취되어 저절로 하나님께 감사가 나왔습니다.

예수원에서 무엇을 어떻게 한다는, 그리고 하겠다는 계획도 없이 그곳으로 갔습니다. 오직 서울에서의 두 교회에 예정된 큐티 집회 전에 3일 동안을 마음을 깨끗이 씻고 싶었습니다. 이곳에 머무는 동안은 모든 생각과 마음을 온전히 성령님께 맡기며 마음을 비우기로 했습니다.

예수원에 도착한 후 나의 생각, 환경, 계획 등 모든 생각을 떠나 오직 영혼의 쉼을 갖고 싶었습니다. 하나님이 공급해 주시는 간단한 일용할 양식과 아무런 장식과 꾸밈이 없는 온돌방 안에 깨끗이 준비된 핑크빛 이불에서 그날 그 시간에 그 방에서 같이 생활하게 해주시는 사람들과 공동으로 지내게 되었습니다. 그러나 그곳에는 중요한 공통점이 있었는데, 하나님을 진심으로 사모하여 세상의 모든 것을 뒤로 하고 조용한 산속으로 온 사람들이라는 점이었습니다.

예수원의 묵상 분위기에 서로 말을 할 수는 없지만 시간이 지나면서 벌써 눈과 눈으로 마음과 마음으로 통하고 있었습니다. 새벽 공기는 도시에서는 느껴보지 못한 맑은 공기였으며, 창문 밖으로 보이는 나무들은 한 폭의 병풍이 펼쳐져 있는 것 같았습니다. 이곳이 바로 이 땅에 있는 천국이라는 느낌마저 들었습니다.

다음날 새벽, 방안 한쪽 구석에서 조용히 큐티를 하고 있는데 한 명 두 명씩 자연스럽게 모여 여러 명이 함께 큐티를 하게 되었습니다. 그중에는 남들이 다 잠든 시간에 이불 속에서 숨을 죽여가며 울던 어떤 아기 엄마도 있었습니다.

벌써 성령님은 이 자리에 와 계셨습니다. 태백의 산속에 큐티의 씨가 떨어진 것입니다. 그 후부터 하루에 두 번 서로 은혜를 나누었습니다. 자매님들은 그 시간을 기다렸으며 언제 다시 만날 기약이 없는 자매님들과 순수한 치유의 큐티를 했습니다. 3일이라는 짧고도 아쉬운 시간이었지만 주님이 인도하신 만남 가운데 생각지도 않았던 태백의 한 작은 공간에서 큐티 나눔이 이루어진 것입니다.

그런데 유난히도 기억에 남는 집사님이 있었습니다. 식사 시간이면 눈빛이 번쩍이는 C 집사님으로 네팔에서 선교사로 활동하고 계시다는 집사님은 열정과 비전이 뚜렷해 보였습니다. 예수원에서 서울로 돌아오기 전까지 많은 은혜 이야기와 간증을 들려주었습니다.

하나님 일밖에는 없다고 침이 마르도록 비전을 말하더니 얼마전에 들은 소식에 의하면, 신학교에 가서 지금은 모 교회에서 전도사로 섬기고 있으나 머지 않아 다시 선교사로 네팔에 갈 것이라고 합니다. 지금은 추수할 때가 된 것 같습니다. 각 곳에 필요한 일꾼들을 한 사람 한 사람씩 모으시는 것을 보면 하나님의 때가 가까워졌음을 실감케 합니다.

이른 아침 예수원을 산책하면서 많은 생각이 떠올랐습니다. 멀고도 낯설은 땅을 찾아온 하나님의 사람, 갈급한 영혼들을 사랑하던 한 사람의 기도로 한국 땅 태백에 하나님의 뜻을 아름답게 이루어 놓은 것을 생각하며 하나님께 감사를 드렸습니다.

예수원을 개척한 그는 이미 우리 곁을 떠났지만, 아름다운 삶을 마무리할 때까지 그분의 기도의 결실과 발자취는 아름답게 남겨져 있는 것을 느낄 수 있었습니다. 그리고 그의 기도와 사랑의 향기는 영원히 이어질 것입니다.

하나님께서 집회에 함께하여 주시리라는 확신으로 산을 내려왔습니다.

동행한 H 집사님과 버스를 타려고 산길을 내려오는데 가랑비까지 내리고 있었습니다. 우리는 우산도 없이 은혜의 단비를 맞으며 넘쳐나는 기쁨과 하나님이 선물로 주신 담대한 마음으로 옷이 젖어 오는 것도 잊은 채 영적인 샤워를 하며 걷고 있었습니다.

2) 밴쿠버, 캐나다 집회
"내게 맡기고 너는 떠나라"

이틀 후면 수개월 전에 약속된 밴쿠버, 캐나다에 있는 교회의 큐티 세미나 집회입니다.

모든 준비를 끝내고 떠나려고 하는데 갑작스런 가정문제로 도저히 떠날 수 없는 형편이 되었습니다. 어찌하여 이런 일이 이 때에 일어났는지 도저히 이해할 수 없었습니다. 힘든 상황을 지켜보면서 어떻게 해야 할지 당황스럽기만 하였고 방향조차 생각이 나지 않았습니다. 마음의 갈피조차 잡을 수 없어 밴쿠버 교회 목사님께 힘든 상황을 말씀드리려고 하는데, 갑자기 생각지도 않은 음성이 들렸습니다. 부드럽고도 강한 음성이었습니다.

"혜정아, 너는 떠나라! 너의 힘든 상황은 내가 책임질 것이다. 네가 나의 일을 하면 나는 너의 일을 할 것이다"

마음이 괴로워 흔들리고 있던 나에게 상상치도 못한 놀라운 일이 일어난 것입니다. 요동치며 흔들리던 마음은 담대함으로 바뀌었습니다. 나를 붙잡고 있는 상황에는 변한 것이 없었지만 그 상황에서 나를 떨어져 있게 하셨습니다.

마침 그때 밴쿠버 목사님께서 나에게 확인 전화를 하셨습니다. 아무일도 없었던 것처럼 태연스럽게 예정한 날에 밴쿠버 공항에서 뵙기로 했습니다. 믿음 안에서 때로는 친형제보다도 더 마음속을 들추어내며, 울고 웃으며 오랫동안 함께 큐티를 하며 지내오던 혜인 집사님을 잊을 수가 없습니다. 사랑하는 집사님과 함께 비행기를 타고 떠나는 마음이 의외로 가벼웠으며 집 생각은 잊혀져 가고 있었습니다.

반갑게 마중 나오신 목사님은 우리를 언덕 위에 있는 아름다운 호텔로 안내해 주셨습니다.

그러나 나는 한사코 호텔을 사양하고 목사님의 어머님 권사님이 계신 노인 아파트에서 지내기로 했습니다. 마침 그때 목사님의 따님 결혼식을 며칠 앞둔 때이라, 그곳에는 결혼식에 참석하려고 멀리서 온 여러 친척들이 모여 있었습니다. 새벽과 낮에 집회를 하면서 2박 3일 동안을 작은 아파트에서 같이 자고 먹으며 끈끈하게 정든 사이가 되었습니다.

좁은 방에서 잘 모르는 사람들 틈에서 마치 한국에서의 피난 시절처럼 여러 명이 여기저기 자리를 펴고 빈틈없이 자는 것입니다. 친척들 일부는 목사님 댁에서 지내고, 이곳에는 목사님의 연로하신 어머니와 함께 지내려고 가까운 자녀분들이 모여 있었습니다. 자녀분들은 목사님 부부, 선교사님, 권사님이었습니다. 그날 저녁에 차려 주신 권사님의 냉면은 평생에 잊을 수가 없습니다.

집회 중에 특별히 기억나는 집사님이 있었습니다.

집회를 위하여 앞에 나와 기타를 치며 찬양을 인도하던 집사님이었습니다. 첫날 큐티 세미나가 끝난 후 저를 찾아와 은혜받은 이야기를 하며 자기도 신학을 하기로 결심하였다고 했습니다. 몇 년 후에 다시 그 교회를 방문하였을 때는 전도사님으로 만나니 정말 반가웠습니다.

큐티 세미나를 은혜스럽게 마치고 권사님 아파트로 돌아왔습니다. 다음날 집회가 또 있기에 모여 앉아 편한 마음으로 쉬려고 하는데, 자연스럽게 큐티 이야기가 나오면서 성령님이 함께하시는 치유의 큐티가 시작되었습니다.

지나간 세월 속에 잊혀졌던 것들에 대한 회개와 나태해진 믿음과 포기하였던 사역들을 회개하며 결단의 영으로 회복시켜 주셨습니다.

"내가 여호와께 바라는 한 가지 일 그것을 구하리니 곧 내가 내 평생에 여호와의 집에 살면서 여호와의 아름다움을 바라보며 그의 성전에서 사모하는 그것이라"(시 27:4).

그중에 한 선교사님은 남편이 토론토에 있는 교회의 목사님으로 은퇴한 후 같이 선교사로 연변 과학기술대학에 나가 계셨는데 갑작스럽게 돌아가셔서 영육간에 많이 힘들고 지친 상태였습니다.

다음날 이른 새벽에 그 방에서 시편 말씀을 큐티하는 중에 성령이 그곳에 충만하여 상상치도 못한 회복의 역사가 일어났습니다. 울고 웃으며 다윗처럼 덩실덩실 춤을 추는 역사가 일어났습니다. 은혜가 충만하여 기쁨 안에서 흘러내렸던 눈물은 아름다운 추억으로 영원히 잊을 수가 없습니다.

2박 3일간의 큐티 집회는 아름다운 밴쿠버의 어느 경치보다도 아름다운 사역의 추억으로 남을 것입니다. 성령님이 함께하시는 성도님들의 진심어린 사랑을 흠뻑 받으며, 미리 예비해 주신 그 자리에서 일어났던 예배가 하나님께서 미리 예비해 주신 것임을, 그리고 하나님의 살아 계심을 더욱 확신하게 되었습니다.

사랑하는 집사님과 밴쿠버를 떠날 때는 어두운 밤이었습니다. 옆에서 주무셨던 권사님은 2박 3일 동안 정이 무척이나 들었는지 창문 너머로 두 눈의 눈물을 연신 닦으시며 보이지 않을 때까지 손을 흔들고 계셨습니다. 흐르는 눈물 가운데 발걸음은 너무도 가벼웠습니다. 하나님께서는 부족한 저를 교회 집회로 보내셔서 가나안 혼인잔치처럼 물이 포도주로 변하는 자리가 되게 하여 주셨고, 2박 3일 동안 집안 걱정은 전혀 생각지도 않게 하셨습니다.

할렐루야! 나의 주, 예수 그리스도께 모든 영광과 존귀를 올려드립니다. 아멘!

3. 나눔방원의 간증

받은 은혜를 방원들이 서로 나누는 시간은 "사랑하는 자여 네 영혼이 잘됨같이 네가 범사에 잘되고 강건하기를 내가 간구하노라"(요삼 1:2)는 말씀이 삶 속에 이루어지는 것을 체험할 수 있는 놀라운 시간입니다.

- 내 모습이 예수 그리스도의 인성(창조의 인성)으로 나날이 회복되어 가고,
- 가정에는 항상 주님이 주시는 은혜와 평강이 임하고
- 주님의 몸된 교회는 예수 그리스도의 은혜와 성령이 충만한 초대교회와 같이 사랑으로 마음을 같이하여 서로를 세워주며, *모이기를 힘쓰고 *집에서 떡을 떼며 기쁨과 순전한 마음으로 음식을 나누며 하나님을 찬미하고, 또 온 백성에게 칭송을 받음으로 주께서 구원받는 사람을 날마다 더하게 하십니다(행 2:43-47).

갈라디아서 2장 20절의 "내가 그리스도와 함께 십자가에 못 박혔나니 그런즉 이제는 내가 사는 것이 아니요 오직 내 안에 그리스도께서 사시는 것이라 이제 내가 육체 가운데 사는 것은 나를 사랑하사 나를 위하여 자기 자신을 버리신 하나님의 아들을 믿는 믿음 안에서 사는 것이라"는 말씀같이 나의 옛 사람은 예수 그리스도와 함께 십자가에 못 박혀 죽고, 이제는 내 안에 예수 그리스도의 영이 계시어 영과 육이 새롭게 태어남으로 십자가의 능력으로 치유와 회복

이 이루어지며, 음부의 권세를 이길 수 있는 능력이 나타나게 됩니다.

그동안 큐티 나눔방에서 자매님들에게 역사하신 하나님의 은혜를, 자매님들의 간증을 통하여 여러분들과 함께 나누고자 합니다.

1) 큰 힘과 위로로 일으켜주심

"복음에는 하나님의 의가 나타나서 믿음으로 믿음에 이르게 하나니 기록된바 오직 의인은 믿음으로 말미암아 살리라 함과 같으니라"(롬 1:17).

"다만 이뿐 아니라 우리가 환난 중에도 즐거워하나니 이는 환난은 인내를, 인내는 연단을, 연단은 소망을 이루는 줄 앎이로다"(롬 5:3-4).

최근에 이사를 했습니다. 2001년 생각지도 못했던 유방암에 걸려 수술과 약물 항암치료를 마치고 마지막 방사선 치료를 2주 남겨 두었을 즈음에, 하나님께서 우리 가족에게 허락하신 새 동네의 새 집으로 이사를 했습니다. 지난 12년 넘게 우리 네 식구가 살며 많은 추억을 쌓았던 그동안의 삶을 돌아보며, 그곳에 사는 동안 큐티의 삶을 알게 되었음을, 또한 그동안의 큐티가 제게 얼마나 큰 힘과 위로가 되었는가를 다시 한 번 깨닫게 되었습니다.

큐티를 통하여 하나님 아버지께서는 말씀 가운데 육신의 연약함으로 오는 두려움을 이길 수 있는 힘과 용기를 주시고, 세상의 여러 일로 심신이 지쳐 있을 때 일으켜 세워주시며, 하나님과의 교제를 통해 나의 마음에 세상이 줄 수 없는 평안과 기쁨을 채워주셨습니다.

성경 속의 위대한 인물들을 통하여 나를 비추어 주시고, 부족함을 알게 하시며, 회개케 하셨고, 그들의 연약함을 통하여 위로받게 하셨습니다.

또한 다락방과 나눔방을 참석하며 자매님들의 나눔에서 그들의 삶 가운데 역사하시는 하나님의 놀라운 섭리를 보며 많은 은혜를 경험하였고, 저의 믿음 생활에 커다란 도전을 받게 되었습니다.

우리는 그 누구도 자신의 미래를 알 수 없습니다. 저 역시 12년 전에 지금의 삶을 미리 알 수 없었듯이 앞으로의 삶도 모릅니다. 그러기에 오늘 하루도 하나님과 함께하는 QT의 삶 가운데 매일매일 말씀을 통해 우리를 인도하시는 그분의 음성을 들으며 순종하며 살아가야겠다고 다시금 다짐해봅니다.

2) 천국을 소망합니다

나는 모태신앙으로 습관처럼 주일예배만 드리는 교회생활을 하고 있었다. 아픈 아이와 하나님을 영접하지 못한 남편을 핑계 삼아 예배마저도 빠질 때가 많았다. 뇌세포의 이상과 여러 합병증과 발달 지연으로 고통받는 아들이 '결정성 경화증'이라는 청천벽력 같은 진단을 받고 "여호와의 말씀이니라 너희를 향한 나의 생각을 내가 아나니 평안이요 재앙이 아니니라 너희에게 미래와 희망을 주는 것이니라"(렘 29:11)는 말씀을 붙잡았다가도 통곡과 원망으로 하나님과의 거리가 소원해지기를 반복하고 있었다.

유문 협착, 복막염, 뇌종양 제거 등 네 번의 큰 수술과 마비로 인한 장기간의 입원, 셀 수 없는 각종 병원 스케줄 등으로 나의 몸과 마음은 지칠 대로 지치고 피폐해지고 있었다.

그런데 큐티 나눔방을 통해 하나님의 말씀을 묵상하고 적용하는 방법을 새롭게 배우면서 내 삶은 달라지기 시작했다. 내 생활은 예전과 다름없지만 내 마음가짐이 달라지기 시작한 것이다.

미지근한 모태신앙으로 천국에 대한 뜨거운 소망과 감격이 나에겐 없었다. 예전에는 아이의 상태가 더 좋아지기를 희망하며 아프지 않고 자라는 것을 꿈꾸었다. 하지만 지금은 아픈 아이로 인해서 더욱 천국을 기대하게 되었다. 하루의 삶이 힘들고 어려울수록 더욱 간절하게 하나님 나라를 소망하게 되었다. 우리 아이가 복음을 받아들이고 아픔 없는 천국에서 함께 지내게 될 날을 간절히 소망하고 있다.

큐티를 통해서 하나님과 깊이 교제하는 법을 알게 되었다. 이전까지는 내 힘든 점만 모조리 쏟아놓고 휙 돌아섰던 것 같다. 그런데 하나님을 생각하고 말씀을 깊이 묵상하면서 성령님이 주시는 생각들이 연이어졌다. 하나님의 마음을 헤아려 볼 수도 있게 되었다. 하나님께 나를 붙잡아달라고, 놓지 마시라고 애원하는 중에 내가 하나님을 꼭 붙잡아 안기를 원하시는 하나님의 마음을 느끼게 해주셨다. 하나님이 수시로 나에게 말씀하고 계심을 깨달았다. 말씀으로, 상황으로, 사람으로, 자연 현상으로도 하나님은 나에게 항상 말씀하시고 계신데, 내가 하나님 쪽으로 고개를 돌리지 못했다. 저녁마다 아이의 머리맡에서 우리 아이를 고쳐달라고 기도했다. 어느 순간, 우리 아이가 보고, 듣고, 냄새를 맡고, 입으로 먹을 수 있는 기본적인 활동들을 하고 있음을 깨닫고 너무 감사해서 눈물이 왈칵 쏟아졌다. 우리 아이와 내 상황에 하나님의 한량없는 은혜와 사랑이 함께하심을 깨달은 순간이었다.

2013년 고난주간에 큐티 나눔방에서 이혜정 권사님과 집사님들께 중보기도를 부탁하고 3일 금식을 난생처음 해보았다.

"그가 징계를 받으므로 우리는 평화를 누리고 그가 채찍에 맞으므로 우리는 나음을 받았도다"(사 53:5).

예수님께서 징계와 채찍을 받고 내가 구원을 얻은 그 놀라운 사실은 의심 없이 믿어지는 반면, 왜 나는 평화를 누리지 못하고 우리 아이가 나음 받은 사실을 믿지 못하는가? 예수님의 복음을 믿는다면 평화를 주시고 나음 받는다는 사실도 믿어야 한다는 결단의 마음이 생겼다.

이후로부터는 내 마음에 잔잔한 평안이 스며들었다. 스트레스로 가득 차 있던 일상에서도 아등바등하지 않고 하나님의 계획을 기다리며 조금은 여유로워진 마음이 신기하기만 했다. 말씀을 묵상하면서 감사가 늘어갔고, 직접적인 하나님의 속삭임을 더욱더 사모하게 되었다. 적용을 통해서 내 체질, 습관, 마음이 하나님이 기뻐하시는 방향으로 일하게 되었다. 하나님과 날마다 교제하는 그 힘과 영향력으로 내 삶이 지옥에서 천국으로 바뀌어가고 있음을 느낀다. 눈에 보이는 복잡하고 괴로운 현실은 그대로이지만, 불평이 감사로, 불안이 평안으로, 결핍이 하나님의 은혜로 채워지는 천국에서의 하루하루를 살고 있다. 꾸준한 큐티로 사랑과 기쁨이 넘치는 천국의 삶을 날마다 그리고 영원히 살기를 소망한다.

3) 크리스마스 선물

"그런즉 너희는 먼저 그의 나라와 그의 의를 구하라 그리하면 이 모든 것을 너희에게 더하시리라"(마 6:33).

남편은 한국에서의 사업을 그만두고 미국으로 다시 온 후 직업이 없어서 몇 년 동안 참 힘든 나날을 보내고 있었다. 그러던 중에 지역교회인 미국 교회를 섬기며 2년 동안 정말로 열심히 봉사하고 있었다. 할렐루야! 교회에서 파트타임을 하겠느냐는 제안에 주님을 섬기듯 즐거운 마음으로 충성되게 일을 했다.

많은 좋은 성도들과 교제를 나누며 주 안에서 기쁜 나날을 보냈다. 또한 좋으신 하나님 아버지께서는 나를 말씀 스터디인 QT 모임으로 인도해 주셨다. 큐티 모임방에서 이 권사님과 자매님들을 만나게 되었다. 날마다 하나님의 말씀 안에서 힘을 받아 변화되는 나를 바라보며 하나님의 풍성하신 은혜에 감사를 드렸다.

살아 계신 하나님은 어려운 삶 가운데 하나님의 말씀을 붙잡고 살아온 우리 부부에게 크리스마스날 큰 선물을 주셨다. 우리집은 오래된 차 한 대로 서로 돌려 타며 지내고 있었다. 그런데 큐티모임에서 자매님들이 다 함께 차에 대하여 기도를 해주셨는데, 하나님은 차고도 넘치게 너무나 좋은 차들로 채워 주셨다. 하나님은 내 형편을 세심히 알고 계시는 것처럼 도저히 믿을 수 없는 가격으로 BMW 중고차를 구입하게 해주셨는데, 이는 내가 한국으로 건강 검진을 다녀온 후 남은 돈과 딱 맞는 액수였다. 너무나 좋은 차를 주신 하나님께 감사를 드렸고 같이 기도해 주신 분들도 함께 기뻐해 주셨다.

그런데 몇 달 후 하나님은 더 큰 선물을 크리스마스날, 친한 미국 교인으로부터 받게 해주셨다. 그 사람이 타던 새 차와 다름 없는 최고급 벤츠를 남편에게 선물로 주었다. 그 교인은 하나님으로부터 감동이 와서 "이 차는 당신의 차입니다. 하나님이 당신의 것이라고 하시네요"라며 남편에게 차 열쇠를 주며 "메리 크리스마스"라고 하셨다. 모두가 "Praise The Lord"라고 외치며 주 안에서 사랑을 나누는 크리스마스였다. 물론 좋은 차를 선물로 받게 되어서 기쁘지만, 그분이 하나님의 음성을 듣고 주셨다는 것이 너무나 감동적이었다. 이 선물은 살아 계신 하나님을 전하는 간증이 되었다.

나는 내 주위에 있는 힘든 형제 자매들에게 우리의 삶에 역사하시고 간증하게 하시는 "살아 계신 하나님을 바라봅시다"라고 전한다.

오늘도 나의 삶에 하나님의 은혜가 넘치고, 주님께 영광 돌리는 하루가 되기를 기도하며 시편 112장의 말씀을 큐티한다. 할렐루야!

4) 생명의 샘이 된 큐티

"여호와께 감사하라 그는 선하시며 그 인자하심이 영원함이로다"(시 107:1).

저는 39살이라는 늦은 나이에 아이를 하나 더 낳기 위해 부끄러움을 무릅쓰고 여러 사람에게 기도를 부탁하였습니다.

늦은 임신이기에 양수 검사를 하기 이틀 전 평생 처음으로 하나님의 음성을 들었습니다. 그날 큐티를 하고 기도를 하는 중에 "양수검사를 해서 어떻게 할 거니?"라는 온화한 음성이 들려왔습니다. 원하던 아이를 갖게 되었는데 양수검사 결과가 나쁘면 어떻게 해야 되나 하는 생각이 들었던 것입니다.

입에서는 울음이 터져나왔습니다. 저도 모르게 서원기도를 하고 있었습니다.

"아버지, 제가 부족한 아이를 낳을 것이라고는 조금도 생각하지 않습니다. 하지만 그럴 수도 있다는 것을 지금 알았습니다."

저는 양수 검사를 하지 않았습니다. 그러나 임신 19주에 이상이 생겨 병원에 입원을 하여 3개월 반을 침대생활을 했습니다.

아이는 저의 39살 생일에 태어났습니다. 그런데 아이에게 이상이 있었습니다. 예정보다 7주 일찍 태어나서 5파운드밖에 되지 않았는데, 다음날 심장수술을 받기 시작하여 2살 반까지 무려 네 번의 심장수술을 받았습니다.

아이를 통하여 주님은 우리 가족을 믿음으로 붙들어주셨습니다. 그리고 큐티를 계속한 은혜로 성령님이 항상 함께하심을 깨달았습니다.

별 기대 없이 시작했던 큐티를 통해 놀라운 비밀을 알게 되었으며, 큐티하는 시간은 주님과 직접 만나는 시간이기에 기대되고 즐거웠습니다. 무엇보다도 저를 다듬으시는 하나님의 은혜로 억세고 모난 성품, 그래서 남들과 함께하기에 부족한 저를 사랑으로 변화시키시고 다듬고 깨닫게 한 귀중한 보물이 되었습니다. 아이를 통해서 수도 없이 많은 것을 내려놓게 하셨습니다.

그토록 원해서 얻었고 고생하며 키운 아이를 위로해 줄 수 있는 것은, 오로지 옆을 지키며 바라보는 것뿐임을 알았을 때 찾아오는 무력감이 저를 분노케 하는 것을 깨달았습니다.

주일날 "내가 주님이 어떤 존재인가를 안다면 어떠한 상황에서도 왜냐고 묻지 않는다"라는 설교 말씀이 제 가슴을 감동시켰습니다.

그날 밤 주님 앞에 용서를 빌며 눈물의 기도를 하는데 "내가 너보다 더 네 아이를 사랑한다!"라는 주님의 음성이 또렷이 들려왔습니다. 온몸이 전율하며 통곡을 하였습니다.

다음날 아침 큐티를 하는데 욥이 말하기를 "주신 이도 여호와시요 거두신 이도 여호와이시니"라는 말씀이 가슴을 쳤습니다. 기쁨의 눈물을 흘리며 저도 모르게 서원기도를 드리고 있었습니다.

"사랑의 하나님, 참으로 감사합니다. 기쁨으로 주신 아들인지도 모르고 걱정과 근심의 자식인 줄 알고 절절매는 저에게 하나님의 뜻을 확실히 알게 해주시니 감사합니다. 아버지께서 거두시는 그날이 언제인지는 모르나 돌려달라 하셔도 감사한 마음으로 돌려드리겠습니다" 하며 엉엉 울었습니다. 마음속에 슬픔과 기쁨이 교차되는 신비한 체험을 하며 평온함이 감싸는 위로를 받고 하루를 시작했습니다.

이제 큐티는 제 삶 속에 기쁨과 소망이 뿜어 나오는 빛이 되었습니다. 큐티는 생명을 위하여 음식을 공급받듯이 제 영혼의 양식을 공급받는 생명 샘이며 하나님과의 만남입니다.

5) 큐티는 삶의 능력

제가 큐티를 처음 접하게 되었던 것은 친정어머니의 영향이었습니다. 하지만 큐티가 제 것이 되는 것은 쉽지 않았습니다. 기본적으로 어떻게 말씀을 대해야 하는지 막막했습니다.

한국에서 대학을 마치고 미국에 와서 결혼과 함께 풀러신학교에서 가족 치료 학위를 시작했는데 언어가 만만치 않아서 내려놓고, 미국에서 만난 남편과의 사이에 아이 셋을 두게 되었습니다. 남편은 감리교 배경에서 자랐고 저는 장로교 배경에서 자라, 교회를 새로 찾던 중에 함께 ANC온누리교회에 다니게 되었습니다.

당시에 뜨거운 성령체험을 한 상태여서, ANC온누리교회의 예배를 사모하며 열심히 교회를 다니면서, 자연스럽게 담임목사님이신 유진소 목사님이 인도하시는 큐티세미나에 참석하게 되었습니다.

매달《생명의 삶》을 새로 받을 때마다, 마치 선물을 받는 심정으로 말씀을 받아먹는 훈련이 시작되었습니다. 그때 나눔방을 인도해 주시던 분이 바로 이혜정 권사님이셨고, 그 나눔방에서 나누었던 말씀 나눔의 시간은 어린아이들을 키우던 제게 샘물과도 같은 귀한 시간이었습니다.

친정어머니는 저희 아이들을 그 시간마다 돌봐주시며 중보해주셨고, 저는 하나님의 말씀을 통해서 제가 미국에서 아이들을 키우는 이 시간이 마치 다윗이 양 떼를 치며 하나님이 부르시기까지 훈련하시는 시간이라는 것을 알게 되었습니다.

오랜 시간, 저를 옭아매었던 실패감과 거절감도 매일 먹는 말씀 앞에서는 힘을 쓰지 못했고, 저는 큐티를 통해 달디단 샘물을 마시며 뜨거운 여름과 얼어붙는 듯한 겨울도 버티며 십여 년을 지나왔습니다. 그리고 다시 학교에 보내주신 하나님의 은혜로 올해 예전에 하던 공부도 마치게 되었습니다.

지금에 와 생각해 보니, 그토록 힘들었던 시간들이 말씀이 육신이 되어 가는 과정이었다는 생각이 듭니다. 하나님께서 빛이 있으라고 하시니 빛이 있었던 것처럼, 말씀은 저의 어두운 내면을 비추고, 새 자아를 창조하는 놀라운 힘이 있었습니다. 그리고 제 자신 안에서 일어나는 작은 변화들은 마치 오병이어를 나누었던 소년의 나눔처럼, 언어와 인종을 떠나 제가 만나는 내담자들이나 교회의 다른 지체들에게 생명을 나누는 생각지 못했던 열매들을 보게 했습니다.

큐티는 살리는 힘이 있습니다. 죽은 자를 살리시고, 눈먼 자를 보게 하시며, 귀가 먼 자의 귀를 여시는 생명의 통로입니다.

6) 영의 양식을 공급해 주는 큐티

이제 내 배 안에 있던 장기 일곱 개가 사라져버렸다. 암세포만을 제거하기가 불가능해 장기를 통째로 떼어냈기 때문이다.

사흘 만에 깨어난 나에게 의사는 수술 경위를 설명해 주었다. 그의 얼굴이 눈앞에 가물가물했다. 그러나 목소리는 귀에 들어왔다.

"이 병원이 생긴 이래로 이런 경우는 아주 드물었습니다. 저희는 최선을 다해 눈에 보이는 암은 98% 정도 제거했습니다."

2010년 6월 말, 나는 배가 너무 아파 응급실로 실려갔다. 검사 결과, 배 안에 온통 암이 퍼져 있다는 의사의 말을 도저히 믿을 수가 없었다. 그러나 받아들여야 하는 현실이었다. City of Hope 병원에 수술 날을 잡았다. 막막하여 희망이고 절망이고 생각할 겨를이 없었다. 수술 전에 모든 것을 마무리 지어야겠다는 생각이 들었다.

수술 검사를 받기 위해 휠체어를 타고 가는 병원 복도는 무서운 고난의 터널이었다. 두렵고 떨리는 것은 어쩔 수가 없었다. 그런데 이상하게도 입에서는 찬송이 흘러나왔다.

"보혈을 지나 하나님 품으로, 보혈을 지나 하나님 품으로,
보혈을 지나 아버지 품으로 한 걸음씩 나아가네.
존귀한 주 보혈이 내 영을 새롭게 하시네…"

찬송은 그칠 줄을 몰랐다.

주님의 십자가가 눈앞에 다가오며 고요하게 들려오는 노랫소리…. 그 노래는 내가 부르고 있었다. 내가 부르고자 해서가 아니었다.

십자가는 점점 더 크게 눈앞에 다가왔고, 주님의 보혈이 나를 적시면서 두려움이 서서히 사라져 갔다. 몸부림치던 파도가 잔잔해지는 기분이었다. 평안함 속에 주님이 함께 계셨다. 당시는 깨닫지 못했으나 이 모든 평안이 건강할 때 꾸준히 해온 큐티의 결과인 것을 깨달았다.

11년 전쯤에 지금의 교회로 옮긴 후 나는 큐티 반에 들어갔다. 그때의 큐티가 가랑비에 옷이 젖듯 나를 부활의 믿음으로 이끌어 온 능력이 된 것이다. 그럼에도 불구하고 수술 후, 시간이 지날수록 의지만으로는 고통을 이겨낼 수가 없었다.

"하나님! 언제 데려가시렵니까? 고통스러운 이 생명, 주님 빨리 거둬주소서" 하는 기도가 절로 나왔다. 큐티도, 기도도, 지푸라기 하나도 붙잡을 힘이 없었다.

1년 정도 사투의 힘든 날들을 보내던 중이었다. 어느 날 아침, 깊은 나락으로 가라앉기만 하는 육신을 겨우 가누고 있는데, 유리문으로 솟아오르는 밝은 태양이 언뜻 내 영혼을 두드렸다.

"너는 내장이 없어 육신의 양식은 마음껏 먹을 수 없지만, 영의 양식은 먹을 수 있다."

나는 머리맡에 있는 큐티 책을 집어 들었다. 글씨가 희미하게 번지고 머리가 흔들려 내용이 잘 들어오지 않았다. 시들어가는 육신에 마음마저 혼자 힘으로는 아무것도 할 수 없는 자신이 안타까웠다. 큐티 책을 손에서 놓지 않고 혼신의 힘을 다해 읽고 또 읽었다.

"하나님은 은혜이시다. 하나님은 세상만사를 주관하시는 절대 주권자이시다."

내 영혼 깊은 곳에서 세미한 음성이 들리며 알 수 없는 눈물이 마구 흘렀다.

하나님의 인도하심으로 소그룹 큐티 반에 다시 들어갔다. 처음엔 성경 말씀 묵상이 어려웠지만, 나는 지금 다른 분들과의 나눔에서 말씀과 기도로 많은 은혜를 받고 있다. 그리고 큐티 소그룹에 참석하는 날이면 육체의 고통이 사라져 이 시간이 얼마나 기다려지는지 모른다. 이 시간은 나에게 너무나 소중한 시간이다.

큐티는 날로 내 영혼을 일깨워주고 말씀은 내 영혼을 자라게 한다. 나는 이제, 육신은 하나님께 맡기고 매일 큐티로 내 영의 양식을 풍성히 채울 것이다. 그리고 이 연약한 생명을 연장해 주시는 주님께 감사와 찬양을 드리며 하루하루 즐겁게 살아갈 것이다.

7) 할렐루야! 하나님을 찬양합니다

나는 모태 신앙으로 어머니로부터 신앙교육을 잘 받아 나름대로 기도와 교회 봉사를 많이 하는 신앙인이라고 자부하며 살아왔습니다.

2012년 1월 어느 날, 이혜정 권사님의 큐티 나눔방에 참석하게 되었는데, 처음에는 생소하여 그만둘 생각도 하였으나 횟수를 거듭할수록 알 수 없는 희열을 느끼게 되었고, 내면에 변화가 일어나 나 자신을 돌아보게 되었습니다.

큐티로 말씀을 묵상하다 보니 지금까지 느껴보지 못했던 새로운 경지의 믿음도 깨닫게 되었습니다. 하나님께서 내면을 만져주시는 체험, 때로는 주변에서 들려오는 말 한마디도 예사로 들리지 않고 '왜 내게 저 음성을 듣게 하실까' 하면서 하나님께 물어보는 시간을 갖게 하셨습니다. 기도를 드릴 때도 전보다 구체적으로 하나님과 대화하는 느낌의 기도를 드리게 되었습니다.

설교 말씀을 들을 때도 '하나님께서 오늘 어떤 말씀을 나에게 주시려는가' 더 경청하게 되고 깨달은 말씀을 실천하려는 의지도 생겼습니다. 그리고 매일 말씀을 대하다 보니 '내가 최고의 신앙인'이라는 착각 속에서 위선자 중 하나인 자신을 발견하게 되었습니다.

큐티를 감히 비유하자면, 길을 가다가 적신호를 만났을 때 조급하게 시계를 보면서 빨리 신호가 바뀌기를 기다리는 사람이 아니라, 신호를 기다리는 동안에 주변을 살펴보는 여유를 갖고 기다리는 사람과 같은 것이라 할 수 있습니다. 이처럼 큐티는 나에게 인생의 조급함 속에서 자아를 발견할 수 있는 마음의 눈을 뜨게 하고, 좌우를 살펴볼 수 있는 여유와 경성함을 주었습니다.

아침에 눈을 뜨면, 생명을 연장해 주신 하나님께 감사하면서 큐티 책을 열어 말씀을 묵상한 후 하나님께서 내게 주신 말씀을 노트에 기록하고, 미국과 내 조국의 문제와 부탁받은 기도들을 하나님께 기도와 간구로 아뢰게 되었습니다.

이제 내 인생의 남은 년수가 얼마인지 알 수 없으나, 천상의 종이 울리는 그 시간까지 매일 말씀을 묵상하면서 말씀의 계단, 기도의 계단, 찬양의 계단을 오르려 합니다. 좋은 만남의 축복을 제공한 보아스처럼, 나도 남을 배려하고 사람과 예수님을 연결시키는 다리 역할을 하겠습니다. 모든 영광을 오직 하나님께 올려드립니다.

제5장

하나님의
기쁨이 되는 삶

서로 사랑하라

나는 자연을 좋아합니다. 더욱 들꽃을 좋아합니다. 태초의 모습 그대로 생동감이 넘치며 순수하고 신선하고 아름답고 향기로우며 묵묵히 본문을 지키는 자태 때문이 아닌가 싶습니다. 하나님이 우리를 당신의 형상대로 창조하신 후 매우 만족하셨던 것을 생각하면, 우리의 모습도 이와 같기 때문이라 생각됩니다.

바울은 고린도전서 3장 16-17절에서 "너희는 너희가 하나님의 성전인 것과 하나님의 성령이 너희 안에 계시는 것을 알지 못하느냐 누구든지 하나님의 성전을 더럽히면 하나님이 그 사람을 멸하시리라 하나님의 성전은 거룩하니 너희도 그러하니라"고 권면하고 있습니다.

또 베드로는 베드로전서 1장 21-22절에서 "너희가 진리를 순종함으로 너희 영혼을 깨끗하게 하여 거짓이 없이 형제를 사랑하기에 이르렀으니 마음으로 뜨겁게 서로 사랑하라 너희가 거듭난 것은 썩어질 씨로 된 것이 아니요 썩지 아니할 씨로 된 것이니 살아 있고 항상 있는 하나님의 말씀으로 되었느니라"고 말하였습니다.

우리가 예수 그리스도의 복음 안에서 성결되고, 하나님의 말씀에 순종하며 서로 사랑함으로 소망 가운데 기쁨으로 살기를 권면하고 있습니다. 이러한 우리의 모습이 하나님의 기쁨이 되는 삶이 될 것입니다.

1. 순종하는 삶

작은 일에 충성하며 순종하는 자에게는 하나님이 약속하신 언약이 성취됩니다. 죄의 맛에 중독되어 있는 우리가 죄를 떠나 진리의 하나님 말씀에 순종한다는 것이 얼마나 힘든지 한번쯤은 묵상해 볼 필요가 있습니다.

세상에서도 마약이나 알콜이나 도박이나 섹스에 중독된 사람이 중독에서 벗어나기 위해서는, 격리된 생활 속에서 피나는 인내와 노력과 절제를 해야만 가능합니다. 이처럼 진리를 따르는 순종에는 내가 죽어야 하는 엄청난 노력과 인내와 희생이 따르는 것입니다.

예수님은 "또 무리에게 이르시되 아무든지 나를 따라오려거든 자기를 부인하고 날마다 제 십자가를 지고 나를 따를 것이니라"(눅 9:23)라고 말씀하셨습니다. 예수님을 따르는 것이 곧 예수님께 순종하는 것이며 그 순종에는 먼저 자기를 부인하는 희생이 따른다고 말씀하십니다. 그리고 날마다 제 십자가를 지고 나를 따르라고 하십니다. 매일매일 당하게 될 고난을 인내를 각오하고 따르라는 말씀입니다.

성경은 "네가 네 하나님 여호와의 말씀을 청종하여 이 율법책에 기록된 그의 명령과 규례를 지키고 네 마음을 다하며 뜻을 다하여 여호와 네 하나님께 돌아오면 네 하나님 여호와께서 네 손으로 하는 모든 일과 네 몸의 소생과 네 가축의 새끼와 네 토지 소산을 많게 하시고 네게 복을 주시되 곧 여호와께서 네 조상들을 기뻐하신 것과 같이 너를 다시 기뻐하사 네게 복을 주시리라"(신 30:9-10)고 하셨으며 "…순종이 제사보다 낫고 듣는 것이 숫양의 기름보다 나으니"(삼상 15:22)라고 말씀하고 있습니다.

눈으로 볼 수 없는 영이신 하나님의 말씀(언약과 율례)에 순종한다는 것은, 먼저 하나님을 신뢰하고 언약에 대한 확고한 소망을 가져야 순종할 수 있습니다. 그러므로 순종(사랑)과 믿음과 소망은 떨어질 수 없습니다.

믿음을 생각할 때면 나는 먼저 야곱을 생각하게 됩니다. 태어날 때부터 쌍둥이 형 에서의 발꿈치를 잡고 태어났으며(창 25:26) 팥죽 한 그릇으로 배고픈 형 에서에게서 장자권을 빼앗고(창 25:27), 아버지 이삭을 속여 에서에게 베풀 축복을 가로챘으며(창 27장), 기묘한 방법으로 라반으로부터 양 떼를 갖게 되었고(창 30:25-31), 천사와 씨름하여 '이스라엘'이란 이름을 얻는(창 32:28) 등 그의 행실들은 대체로 하나님 보시기에 옳지 않았습니다. 인간적으로 볼 때도 너무 야비한 느낌이 듭니다.

그러나 하나님은 적극적으로 매달리는 그의 믿음을 보셨습니다. 모든 복은 조상 아브라함과 이삭에게 약속하신 여호와 하나님으로부터 온다는 것을 굳게 믿는 그의 믿음을 보신 것입니다. 이처럼 우리의 믿음은 소망과 사랑과 함께 하나님 말씀에 순종할 수 있는 원동력이 되며 하나님이 가장 기뻐하시는 것입니다.

"순종과 화평의 이삭"
(창세기 26장 12-22절 말씀 묵상)

① 말씀 요약

이삭은 하나님이 복을 주심으로 그랄 땅에서 농사를 지어 양과 소가 떼를 이루고 많은 종들을 거느린 거부가 되었습니다. 이를 시기한 블레셋 사람들이 아버지 아브라함의 종들이 판 모든 우물을 막고 흙으로 메웠습니다. 또 아비멜렉은 이삭에게 네가 우리보다 크게 강성하였으니 우리를 떠나라고 합니다.

이삭은 그곳을 떠나 그랄 골짜기에서 블레셋 사람들이 메운 아버지가 팠던 우물을 다시 팠고, 종들이 골짜기를 파서 샘 근원을 얻었습니다. 그런데 그랄 목자들과 이삭의 종들 사이에 다툼이 일어났습니다. 그래서 그곳을 떠나 또 다른 우물을 팠는데 그들이 또 다투므로 이삭이 거기서 옮겨 세 번째로 다시 우물을 팠습니다. 그런데 그곳에서는 그들이 다투지 아니함으로 그 이름을 르호봇이라 했습니다.

② 말씀 묵상

아브라함에게 복을 주신 하나님은 그 아들 이삭에게도 큰 복을 주시어 그랄 땅에서 거부가 되었습니다. 블레셋 사람은 거부가 된 이삭을 시기하여 그랄을 떠나라고 합니다.

시기와 질투는 내 이웃이 자기보다 잘될 때 열등감에서 나타나는 현상이라 하겠습니다.

하나님은 이삭에게 아브라함에게 약속하셨던 복을(창 26:4) 약속하셨습니다. 그리고 아브라함에게 복을 주신 이유를 말씀하십니다. 내 말에 순종하였고, 내 명령과 계명과 율례와 법도를 지켰음이라고 말씀하십니다.

나는 이 말씀을 묵상하면서 하나님이 아브라함의 믿음을 시험하기 위하여 그 아들 이삭을 번제로 드리라고 하였을 때, 아버지의 말에 순종하여 번제 나무를 지고 아버지를 따라 모리아 산으로 올라가는 이삭의 모습이 떠올랐습니다.

세상적인 눈으로 보면 너무나 미련하고 바보스러워 보이겠지만, 하나님은 말없이 순종하는 언약의 아들 이삭을 보시고 여호와 이레로 숫양을 대신 예비하셨습니다. 이는 예수님을 죽은 자 가운데서 다시 살리신 하나님의 은혜와 같습니다.

경건한 복은 굴러들어오는 것이 아닙니다. 하나님이 주셔야 받을 수 있습니다. 이삭과 같이 하나님의 뜻에 순종하는 삶을 살아갈 때 하나님은 상상할 수 없는 큰 복을 주시는 것을 볼 수 있습니다.

블레셋 사람들은 거부가 된 이삭을 시기 질투하여 쫓아내었지만 이삭은 인내하며 다투지 않고 그곳을 떠납니다. 화평을 위하여 옮길 때마다 하나님의 은혜가 임하여 더욱 거부가 되어 가는 것을 볼 수 있었습니다.

이삭은 아브라함의 우물에서 쫓겨난 후 두 번이나 우물을 팠으나 블레셋 목자와 자기의 종들이 다툼으로 다시 옮겨 세 번째 르호봇이라는 우물을 팠습니다. 그리고 더 이상 다툼이 없으므로 이제는 여호와께서 우리를 위하여 넓게 하셨으니 이 땅에서 우리를 번성하게 하셨다고 고백합니다.

나는 이 말씀을 묵상하면서 예수님이 마태복음 5장 5절에서 "온유한 자는 복이 있나니 그들이 땅을 기업으로 받을 것임이요"라고 하신 말씀과 9절에서 "화평하게 하는 자는 복이 있나니 그들이 하나님의 아들이라 일컬음을 받을 것임이요"라고 하신 말씀이 이삭에게 이루어진 것을 보며 놀랄 만큼 감탄하였습니다. 그리고 나 자신을 돌아보았습니다.

이삭의 삶에서 화평을 원하시는 하나님의 뜻에 순종하는 그의 온화한 성품을 알 수 있습니다.

하나님은 말씀에 순종하는 사람과 동행하시며 은혜를 베푸시어 아름다운 삶으로 인도해 주십니다. 고난을 견디지 못하여 마음에 상처를 입고 포기하였던 것들이 얼마나 많았습니까?

이삭이 화평을 위하여 인내하며 순종하는 삶을 보면서, 나 역시 어떤 힘든 상황이 닥쳐올지라도 지금까지 인도하여주신 하나님만을 바라보며 감사하는 마음으로 견딜 수 있기를 다시 한 번 결단해 봅니다.

하나님이 약속하신 아브라함의 복이 이삭에게 이어지듯이, 우리가 신실하게 믿음 생활을 할 때 하나님의 은혜가 자손 대대로 이어짐을 잊지 말아야 하겠습니다.

2. 사랑하는 삶

사랑은 하나님이시며 천지창조의 근본적인 섭리입니다. 사랑 안에는 영원한 생명이 있고, 사랑은 아름다움의 근원입니다. 또한 모든 죄악과 추함을 씻어내는 능력입니다. 사랑은 모든 율례와 율법을 완성하며 하나님 나라를 이루는 능력이고 진리의 열매를 맺습니다. 그러므로 우리가 하나님을 사랑한다는 것은 하나님을 경외하며 말씀에 순종하는 것입니다. 내 이웃을 사랑하는 것도 하나님의 계명에 순종하는 것이며 하나님의 기쁨이 되는 삶입니다.

성경은 믿음의 사람들에게 "주안에, 주안에 있는 자, 그리스도와 함께, 너희는 내 안에 나는 너희 안에, 하나님의 씨가 그의 속에, 하나님께 속한 자" 등의 표현을 종종 사용합니다. 곧 믿는 자들은 예수 그리스도를 본받아 사랑으로 살아가야 한다는 뜻입니다.

하나님은 천지창조 마지막 날에 당신의 형상에 따라 사람을 사랑으로 창조하신 후 지으신 모든 것을 보시고 "심히 좋았더라"고 하며 기뻐하셨습니다. 이는 당신의 형상대로 지으신 사람이 서로 사랑하며 화목하기를 원하시는 하나님의 마음이라고 하겠습니다.

하나님은 범죄한 인간이 죄를 씻고 다시 하나님의 뜻 안에서 살 수 있도록 성자 예수님을 화목 제물로 보내주셨습니다. 그리고 죽음에서 부활하신 예수님은 승천하시면서 우리에게 성령님을 보내주시어 우리가 영원토록 진리 안에서 아름답게 살기를 원하십니다. 이것이 하나님의 변함없는 사랑의 마음입니다.

"목동에서 하나님의 양이 된 다윗"
(시편 23편 말씀 묵상)

여호와께서 "내가 보는 것은 사람과 같지 아니하니 사람은 외모를 보거니와 나 여호와는 중심을 보느니라"(삼상 16:7)고 하신 말씀을 생각하면, 다윗은 오랜 세월 사울 왕으로부터 쫓김을 당하였으나, 여호와 하나님의 은혜로 이스라엘의 두 번째 왕에 오른 후 이에 감사하며 여호와를 송축하며 쓴 시라는 관점에서 본문을 묵상하였습니다.

다윗은 여덟 형제 중 막내였습니다. 그런데 사무엘이 이새에게 아들을 모두 데리고 오라고 했을 때, 다윗을 빼놓고 일곱 아들만 데려온 것을 보면 아버지 이새는 막내 다윗을 양을 치는 목동으로만 생각하고 큰 기대를 하지 않았던 것 같습니다(삼상 16:4-13).

다윗이 어려서부터 불평 없이 매일 양 떼를 친 것을 보면, 아버지 말씀에 충실히 순종하는 성품을 갖고 있었음을 짐작할 수 있습니다. 목동 생활을 통해 신실한 목자의 마음과 양의 성품으로 변화된 것을 알 수 있습니다. 또한 푸른 초장, 맑은 물가를 찾아 양 떼를 인도하면서 항상 천지만물을 주관하시는 여호와를 경외하며 은혜를 생각하게 되었으리라고 생각됩니다. 다윗은 어릴 때부터 양 떼와 함께 생활하였기에 마음이 순수하여 양들의 세미한 음성까지도 들을 수 있었으며, 양 떼를 정성으로 보살피는 사랑의 성품을 갖게 되었다고 봅니다.

다윗은 자나 깨나 자기를 의지하고 따르는 양 떼를 푸른 초장과 잔잔한 물가로 인도할 생각과, 위험한 곳으로 가려고 하면 지팡이로 인도하고, 해로운 짐승을 만나면 막대기나 물맷돌로 지켜줄 것을 생각하였으리라고 봅니다. 그는 또 짐승에게 놀란 양들을 사랑으로 위로하고 보살펴주었습니다. 이러한 다윗이 자신을 양으로 여호와를 목자로 비유한 것을 보면, 그가 목동 생활을 사랑 안에서 얼마나 성실하게 하였는지를 알 수 있습니다. 사람의 외모를 취하지 않고(갈 2:6) 중심을 보시는 하나님은(삼상 6:7) 다윗의 이러한 성품을 기뻐하셨으며, 머리에 기름을 부어 주셨으며, 위기를 당할 때면 안전하게 지켜주셨습니다.

하나님을 절대적으로 경외하는 다윗은 하나님의 기름부음을 신성한 절대 권위로 믿고 있었기에, 자기를 죽이려는 사울 왕도 하나님의 기름부음을 받은 왕이기에 죽이지 않았습니다(삼상 26:9).

이처럼 목동이었던 다윗은, 자신을 사랑과 인자와 신실하심으로 보호 인도하고 기름 부어주신 여호와 하나님의 은혜에 감사하는 마음이 넘쳐남을 고백하며 기쁨으로 찬양을 드리고 있습니다. 영원토록 여호와의 은혜 안에서 살고 싶은 소망을 고백하고 있습니다.

나는 본문을 통하여, 다윗과 같이 세상적으로는 비록 보잘것없고 미미한 존재라 할지라도 순전한 마음으로 주어진 현실에 충실하며, 하나님을 경외하고 은혜에 감사하며 말씀에 순종하는 사람은 하나님의 놀라운 축복으로 인도하신다는 확신을 갖게 되었습니다. 그리고 다윗처럼 "내 잔이 넘치나이다, 내 평생에 선하심과 인자하심이 반드시 나를 따르리니 내가 여호와의 집에 영원히 살리로다"라는 감사와 소망의 고백을 하게 되리라 확신합니다.

3. 사랑하는 자의 축복

예수님은 "선생님 율법 중에서 어느 계명이 크니이까"라고 묻는 율법사에게 "네 마음을 다하고 목숨을 다하고 뜻을 다하여 주 너의 하나님을 사랑하라 하셨으니 이것이 크고 첫째 되는 계명이요 둘째도 그와 같으니 네 이웃을 네 자신같이 사랑하라 하셨으니 이 두 계명이 온 율법과 선지자의 강령이니라"(마 22:36-40)고 말씀하셨습니다.

요한복음 17장 3절에는 "영생은 곧 유일하신 참 하나님과 그가 보내신 자 예수 그리스도를 아는 것이니이다"라고 말씀하십니다. 요한일서에서는 "사랑하는 자들아 우리가 서로 사랑하자 사랑은 하나님께 속한 것이니 사랑하는 자마다 하나님으로부터 나서 하나님을 알고 사랑하지 아니하는 자는 하나님을 알지 못하나니 이는 하나님은 사랑이심이라"(요일 4:7-8)고 하였으며, "하나님이 우리를 사랑하시는 사랑을 우리가 알고 믿었노니 하나님은 사랑이시라 사랑 안에 거하는 자는 하나님 안에 거하고 하나님도 그의 안에 거하시느니라"(요일 4:16)고 하였습니다.

이 말씀들은 우리가 예수 그리스도를 알아가며 내 이웃을 사랑함으로 생명나무의 실과를 먹고 영생의 복을 누릴 수 있다는 말씀이라고 할 수 있습니다.

또한 사랑의 계명 뒤에는 우리로서는 상상조차 할 수 없는 하나님의 크신 축복이 있습니다. 사랑의 계명을 지키며 사는 사람은 이 땅에 사는 동안에도 하나님의 은혜 안에서 회복의 소망을 이루며 살 수 있을 뿐만 아니라, 지금도 생명나무로 가는 길을 걷고 있는 것입니다. 나는 새 하늘과 새 땅에 임할 거룩한 성, 새 예루살렘에서 하나님과 함께 영생할 수 있도록 언약을 이루어 주시는 하나님을 생각하며 감사의 기도를 드립니다(계 21:1-7).

더불어 《생명나무로 가는 길》(The Way to the Tree of Life)을 통하여 우리 모두가 진정한 복음의 믿음 안에서 소망을 이루며, 예수 그리스도의 사랑을 전하는 증인이 되기를 간절히 기도드립니다.

■큐티를 위한 추천 도서

강준민 목사: 자아 발견과 영적 성숙(두란노)
로널드 클럭: 오연희 옮김, 영혼의 일기와 영적 성숙(두란노서원)
리차드 포스터: 송준인 옮김, 기도(두란노서원)
멕스 루카도: 차성구 옮김, 은혜를 만끽하는 비결(규장)
에이 W. 토저: 이용복 옮김, Anointing, 이것이 성령이시다(규장)
에이 W.토저: 이영희 옮김, 하나님을 추구함(생명의 말씀사)
유진소 목사: 말씀과 함께, 하나님과 함께(두란노서원)
잔느 귀용: 채수범 옮김, 예수 그리스도를 깊이 체험하기(생명의말씀사)
진 에드워즈: 황을호 옮김, 깊은 영성 체험기(생명의말씀사)
토마스 머튼: 윤종석 옮김, 묵상의 능력(두란노)
켄 가이어: 윤종석 역, 영혼의 창(두란노서원)
헨리 나우웬: 박동순 옮김, 영혼의 양식(두란노서원)

■참고 도서

하용조 목사 편찬: 비전성경사전(두란노)
일대일 제자 양육 성경공부(두란노 편집부)
아가페 성경 사전(아가페 출판사)

우리 안에 주님의 형상이 회복되길!

"모든 성도 중에 지극히 작은 자보다 더 작은 나에게 이 은혜를 주신 것은 측량할 수 없는 그리스도의 풍성함을 이방인에게 전하게 하시고 영원부터 만물을 창조하신 하나님 속에 감추어졌던 비밀의 경륜이 어떠한 것을 드러내게 하려 하심이라"(엡 3:8-9).

부족한 사람이 《생명나무로 가는 길》(The Way to the Tree of Life)을 펴낼 수 있도록 풍성한 은혜를 베풀어주신 하나님께 진심으로 감사와 영광을 드립니다.

우리의 삶은 고난의 연속입니다. 그러나 믿는 자가 당하는 고난은 토기장이이신 하나님의 진리와 생명과 영광으로 이끌어주시는 사랑의 연단입니다(벧전 1:11).

우리 모두가 큐티를 통하여 하나님을 더욱 깊이 알아감으로, 우리의 성품과 삶 속에 예수님의 모습이 나타나며, 하나님의 은혜와 평강이 충만하기를 간절히 바라며 기도드립니다. 아멘!

생명나무로 가는 길목에서…
이혜정

생명나무로 가는 길

작사: 이혜정 / 이천
작곡: 이천

예수님은 사랑이시 라   험한 십자가 지셨도 다

예수님은 사랑이시 라   보배 피 흘려 주셨도 다   아

버 지 품에 돌아 가도록   생 명을 내어주신 주   내

영 혼 용서하신 예 수 님   생 명 나무로 가는 길

망망한 바다 한가운데서 배 한 척이 침몰하게 되었습니다.
모두들 구명보트에 옮겨 탔지만 한 사람이 보이지 않았습니다.
절박한 표정으로 안절부절 못하고 있는 성난 무리 앞에
사라진 그 선원이 급히 달려나와 꼭 쥐고 있던 손바닥을 펴 보이며 말했습니다.
"모두들 나침반을 잊고 나왔기에 … "
나침반이 없었다면 그들은 분명 끝없는 바다 위를 표류할 수밖에 없었을 것입니다.

우리는, 삶의 바다를 항해하는 모든 이들을 위하여
그 나침반의 역할을 하고 싶습니다.
우리를 구원하신 위대한 주 예수 그리스도를 널리 전하고 싶습니다

"하나님은 모든 사람이 구원을 받으며
 진리를 아는 데에 이르기를 원하시느니라"
 (디모데전서 2장 4절)

생명나무로 가는 길

지은이 | 이혜정
발행인 | 김용호
발행처 | 나침반출판사

제1판 발행 | 2017년 7월 10일

등   록 | 1980년 3월 18일 / 제 2-32호
주   소 | 07547 서울특별시 강서구 양천로 583
          블루나인 비즈니스센터 B동 1607호
전   화 | 본사 (02) 2279-6321 / 영업부 (031) 932-3205
팩   스 | 본사 (02) 2275-6003 / 영업부 (031) 932-3207
홈   피 | www.nabook.net
이메일 | nabook@korea.com / nabook@nabook.net

ISBN   978-89-318-1537-5
책번호 가- 3102
값은 뒷표지에 있습니다.